LES PETITES MAISONS

GALANTES DE PARIS

AU XVIIIe SIÈCLE

IL A ÉTÉ TIRÉ

Quatre cent trente exemplaires numérotés, dont :

10 exemplaires sur papier du Japon (1 à 10).
20 exemplaires sur papier de Hollande (11 à 30).

(Tous ces exemplaires ont une double suite des gravures en couleur)

400 exemplaires sur papier vergé (31 à 430).

N^o 

Gaston CAPON

LES

Petites Maisons

GALANTES DE PARIS

AU XVIIIe SIÈCLE

Folies, Maisons de Plaisance et Vide-Bouteilles

D'APRÈS DES DOCUMENTS INÉDITS ET DES RAPPORTS DE POLICE

Préface par R. YVE-PLESSIS

Orné de 16 planches hors texte

PARIS

H. DARAGON LIBRAIRE

10, Rue Notre-Dame-de-Lorette, 10

M. D. CCCC. II

A MONSIEUR GASTON CAPON

Homme de Lettres

*Vous m'avez fait le grand honneur, mon cher confrère,
de me demander une préface pour vos « Petites Maisons du
XVIIIᵉ siècle ». J'ai promis, sans trop savoir, je l'avoue, à
quoi je m'engageais. Après avoir lu les « bonnes feuilles »
de votre volume, j'ai compris que les traditionnels souhaits
de bonne chance ou les clichés de congratulation banale
que les préfaciers accrochent d'ordinaire au fronton des
livres qu'ils patronnent, siéraient mal à votre œuvre si
curieusement fouillée, si consciencieusement documentée,
d'historien probe et sérieux.*

*Il fallait autre chose : Quoi ? J'ai songé qu'avant de
pénétrer avec vous dans ces maisons closes d'un genre à
part, il ne serait pas indifférent au lecteur d'en sonder tout
d'abord les approches, d'en faire le tour de loin, d'en prendre un croquis d'ensemble, d'en noter l'histoire sommaire,
d'après les racontars de la rumeur publique. Mais une
préface ainsi traitée devenait une introduction véritable et
j'empiétais sur votre domaine. Vous m'avez permis de le
faire : j'abuse de la permission.*

*
* *

*... Après une vieillesse morose et confite en austérités,
le Roi-Soleil venait de s'éteindre. Laissant la veuve Scarron
à sa douleur solitaire, les courtisans, libérés, respirèrent
longuement. Ils en avaient assez, et trop, de l'hypocrisie
béate, de la religiosité de commande auxquelles les
condamnait depuis un quart de siècle le bigotisme d'une*

*

reine de la main gauche. Tel un pur-sang, qui s'ankylosait au repos forcé de l'écurie, s'ébroue joyeusement et pique un galop dès qu'il revoit le pré, telle la noblesse française, débridée, se rua au plaisir. Aussi bien, Philippe était là pour prêcher d'exemple. La sarabande commença, qui allait durer tout un règne et préparer la chute du trône, au règne suivant.

Les façades sévères et les cours monumentales des hôtels de la grand'ville portaient encore la marque, évoquaient encore la mémoire du Louis défunt. Elles ne tardèrent pas à offusquer la vue de ces grands seigneurs, de ces hauts magistrats, dont le renouveau d'humeur joviale s'accommodait mal de la tenue imposée par l'étiquette en ces demeures pompeuses. Et l'on vit tout à coup s'élever par douzaines, à l'entour du Paris d'alors — nos faubourgs actuels — de riantes maisons, coquettement nichées dans la verdure, au milieu de vastes jardins.

Le luxe extérieur de ces habitations de plaisance, la somptuosité des fêtes qui y succédaient aux fêtes, l'animation folle qui bouleversait des lieux, déserts et silencieux naguère, firent donner, dit-on, à ces palais champêtres, le nom de folies. Mais cette étymologie n'est rien moins que prouvée. Des lexicographes experts préfèrent tirer le mot du latin, à cause des vertes frondaisons qui masquaient aux yeux profanes ces bâtisses perdues sous la feuillée — sub foliis. Ils ajoutent même à l'appui de leur thèse, que les folies se nommaient ainsi bien avant qu'on y fît des folies, plusieurs siècles avant Louis XV.

De ces deux versions, quelle que soit la bonne, il ne semble pas que le terme ait survécu à la Régence. Par un de ces calembours audacieux, par une de ces synonymies fantaisistes où se complait la langue parisienne de toutes les époques, les folies débaptisées allaient bientôt devenir les petites maisons. Non que celles-ci fussent d'architecture plus exigue que leurs devancières, ni plus modestes comme décor ; mais folie appelait l'idée de fol et les fous étaient menés aux Petites Maisons, d'où la transition naturelle.

Le mot resta, la mode aussi. Après les pères, les fils. Vers le milieu du dix-huitième siècle, il n'était roué ou petit-maître un peu renté qui ne tînt à honneur de posséder ou de louer à bail, à quelques portées de fusil des boule-verds, un de ces logis discrets, tapi dans un fouillis de bosquets ombreux, et spécialement aménagé pour l'amour. La femme, voire celle de qualité, s'y rendait en simple équipage, pour moins fixer le regard des badauds. Le propriétaire arrivait de son bord, non moins mystérieusement, et le couple amoureux « célébrait son délire », sans autres confidents que la soubrette de Madame ou le valet de Monseigneur. Tels étaient, du moins, les rendez-vous quasi-honnêtes. Plus souvent, la partie fine, partie carrée ou davantage, tournait à l'orgie priapique et, toute pudeur bannie, atteignait crescendo aux limites de la plus crapuleuse débauche. C'est ainsi, par exemple, que la comtesse de Brassac, fille du maréchal de Fourville, qui s'était aventurée dans une petite maison, à la Muette, y fut enivrée par ses hôtes et dépouillée de ses atours. Puis, délicieuse plaisanterie (je cite textuellement) : « On la boucha avec du fromage mou, pétri dans du sel et du poivre. » L'aventure, ébruitée, fit beaucoup rire à Versailles. On en composa même des couplets (1).

Le duc de Richelieu, arbitre des élégances, possédait autant de petites maisons qu'il avait d'intrigues différentes. Il fut, de plus, l'inventeur des petits soupers.

Aux repas fastueux que la grandeur apprête, dont la gravité fait les honneurs, on a substitué (écrit Magny) ces petits soupers fins que le bon goût et la délicatesse préparent, dont l'amour fait les frais et

(1) Bibl. Nationale. Mss. français : Chansonnier historique, 12629, p. 86.

que la liberté assaisonne. Si l'on ne peut toujours s'arracher à l'ennui des premiers, on a toujours au moins les seconds pour se dédommager et il n'y a pas à Cythéropolis un homme de bon ton qui n'ait deux ou trois fois par semaine sa petite partie, arrangée avec des amis choisis, pour un petit souper dans une petite maison. (1)

Les gros financiers ne restaient pas en arrière et leurs petits soupers s'inspiraient à la fois de Lucullus et de Trimalcion. Un invité de Samuel Bernard nous en a gardé ce tableau :

On me mit entre deux jolies femmes dont le voisinage méritoit d'étre envié par toute la compagnie.

Quel coup d'œil, ô ciel ! quel spectacle enchanteur. Le Salon, le Buffet, la table et les convives ravissoient également mes yeux. Le Salon ouvert de tous côtés donnoit sur une orangerie ; il étoit éclairé d'un nombre infini de lumières que les glaces et les cristaux répé- toient et multiplioient encore. La richesse du Buffet ne peut se décrire; je n'en ferois qu'affaiblir l'idée en voulant la réduire aux miennes. Là, brilloient mille vases précieux ciselés de la main de Myron. L'argile de Samos et la terre de Sicile par leur délicatesse et leur fragilité y disputoient de prix avec l'or et l'argent. Pour la table, l'œil étoit partagé entre la propreté, la symétrie, la diversité et l'abon- dance des mets. Les présens de Pomone, les dons de Comus étoient agréablement entremêlés et Flore embellissoit tout de ses couleurs. Mais comment vous dépeindre les agrémens que vingt beautés, assises à cette table, ajoutoient encore au spectacle ? De beaux yeux animés par la joie et la bonne chère, ne sont déjà que trop séduisants, mais quand des attraits qui peuvent soutenir le jour en empruntent encore des lumières de la nuit; quand les lustres et les flambeaux viennent répandre un fard innocent sur les visages et par un clair-obscur inimitable, donner aux attraits cet adoucissement ou ce relief qui échappe au pinceau, vous pouvez vous figurer l'effet d'une si aimable perspective. Comme le Salon étoit spacieux et bien percé, le grand nombre des convives n'empêchoit point de goûter la fraîcheur des jardins qui nous environnoient de tous côtés. Un air délicieux qui se renouvelloit sans cesse nous l'apportoit avec l'odeur des myrthes et des orangers. Ce doux parfum venoit se confondre avec les délicates fumées des viandes ; ainsi l'odorat invitoit encore et servoit en même temps le goût.....

Que vous dirois-je enfin ! Concevez tout ce qu'il est possible d'ima- giner en fait de bonne chère, d'exquis, de délicieux, de délicat, de relevé, de fin et de piquant : rassemblez tous les termes inventés pour l'art voluptueux des Apicius, vous ne trouverez rien au-dessus de l'idée que je veux vous donner de ce repas. Cent flacons ensevelis

---

(1) *Magny :* Les spectacles noturnes, 1756, un vol. in-8.

*sous la neige dans des puits d'argent, remplissoient de temps en temps
les coupes des plus excellents vins de Grèce et d'Italie.*

*La joie, la volupté, l'aimable ivresse couloit à la fois dans tous les
cœurs, et toujours au fond de la coupe naissoient les ris et les doux
propos. À mesure que l'apétit faisoit place à la pure sensualité, et que
la sensualité s'émoussoit, les langues se délioient peu à peu (1). »*

Telle était la vogue de ces repas que, pour avoir prétexte
à se mettre à table, on goûtait quoiqu'on eût dîné, on
réveillonnait quoiqu'on eût soupé. Le maréchal de Richelieu, toujours lui, établit une petite maison exclusivement
consacrée aux petits soupers. Tout ce que la sensualité, le
faste, la profusion peuvent faire inventer, s'y trouvait réuni.
Enfin, création suprême du vainqueur de Fontenoy, il
imagina les « repas adamiques », expression nouvelle qui
porte en soi sa définition, exemple aussitôt suivi par tous
les petits maîtres, tous les hommes bien nés, tous les robins
à la mode ayant à leurs appointements quelque « fille du
monde » et possédant une petite maison.

En vertu de la loi d'airain de l'offre et de la demande,
ces retraites si courues devinrent assez rares, partant assez
chères ; la note de police suivante en fait foi : — « 29 sept.
1744. Le marquis de Nesle se donne de grands mouvemens
pour avoir la petite maison de Bonnier, rue de Clichy, aux
Porcherons. Elle est meublée au mieux et remplie de tout
ce qui peut servir à la commodité et même à la volupté. »

Rien d'étonnant, dès lors, qu'un réformateur des mœurs
du temps — cette engeance est de tous les temps — ait
conçu l'idée baroque d'alléger les finances royales en taxant
les petites maisons. Cet homme ingénieux se nommait
l'abbé Coyer et il exposait ainsi son système :

*Pour avoir une grande maison il ne faut que 30.000 livres de rente,
mais pour en avoir une petite il en faut 100.000. C'est ordinairement*

(1) A.-G. Meusnier de Querlon. Les soupers de Daphné et les dortoirs de
Lacédémone (*satire sur les soupers de Marly, et de Passy donnés par Samuel
Bernard*), 1740, in-8.

un azile de plaisir et d'abondance ; n'est-it pas juste d'y prendre quelque chose pour le bien public ?

De compte fait, il entre dans une petite maison douze agréables et quatre femmes par semaine, ou la même femme quatre fois. Le propriétaire paiera une livre par homme et trois livres par femme, n'y entrât-elle que pour faire des nœuds (1).

Ainsi 500 petites maisons à 24 livres par semaine, donneront 624.000 livres par an.

Les jours où le propriétaire ira souper dans sa petite maison avec sa femme, ses enfants ou son curé, ne seront pas sujets à la taxe (2).

***
** **

En dépit des quelques citations qui précédent, nous serions assez mal renseignés sur les petites maisons du dix-huitième siècle, si nous ne possédions, pour tous documents, que la littérature imprimée de l'époque.

De patientes recherches ne m'ont pas découvert plus de quatre ouvrages entièrement consacrés au sujet qui nous occupe. Encore trois de ces œuvres, de pure imagination, ne donnent-elles, comme on va le voir, que des notions très vagues et générales sur la matière. Elles reflètent bien les mœurs galantes d'une société ; mais ce n'est qu'un reflet sans reliefs précis.

La première en date est une comédie en trois actes, du président Hénault, intitulée : La Petite Maison, imprimée en 1749, sans nom d'auteur ni de libraire, avec un délicieux dessin de haut-de-page par Eisen. La pièce est assommante et bien faite pour les comédiens d'occasion qui la représentèrent en petit comité (3).

---

(1) *Pendant quelques années ce fut, chez nos aïeules, une rage de « faire des nœuds », sorte d'ouvrage au point de crochet. Toutes les femmes en faisaient ; chez elles, dans le monde, au théâtre. Le filet succéda aux nœuds, le parfilage au filet.*

(2) *L'abbé J.-F. Coyer :* Découverte de la pierre philosophale, *1748, in-8 (p. 9).*

(3) *En octobre 1740, dans une salle louée aux Porcherons. Le public se composait de la duchesse de Saint-Pierre, de la maréchale de Villars, de Mmes Flammarens, de MM. de Ceréste, d'Argental et Duchastel. Les acteurs étaient MM. de Rochefort, de Luxembourg et du Deffant, MM. de Forcalquier, d'Ussé, de Pont de Veyle, de Clermont.*

L'auteur nous mène dans la petite maison *d'un certain Valère, lequel trompe la confiance de son ami Clitandre avec la maîtresse de ce dernier, la coquette Cidalise. Clitandre d'ailleurs n'a que ce qu'il mérite, ayant délaissé, pour s'enticher de Cidalise une jeune veuve nommée Julie, digne en tout point de l'amour d'un homme de bien. Mais Julie ne se tient pas pour battue. Grâce à la complicité d'un serviteur dévoué, elle a loué un hôtel contigu à la* petite maison, *d'où elle épie les faits et gestes de Clitandre, guettant l'occasion favorable pour rameuer l'infidèle qu'elle aime toujours. Cette occasion pourrait tarder à naître si, par une de ces rencontres qu'on ne voit qu'au théâtre, Cidalise qui n'a pris Valère que comme un passe-temps, ne s'amourachait brusquement d'uu jeune cavalier inconnu qu'elle a entr'aperçu rôdant dans les allées désertes du jardin. Vous devinez sans peine que ce cavalier n'est autre que Julie, qui se glisse parfois, travestie en homme, dans le parc de la* petite maison. *Julie s'arrangera pour se faire surprendre par Clitandre en rendez-vous galant avec Cidalise. L'amant qui, déjà, le même jour, a trouvé son son ami Valère aux pieds de sa maîtresse et qui en a gardé quelques soupçons fâcheux, ne doute plus de la perfidie de la coquette. Il veut pourfendre le bel inconnu. Mais celui-ci se fait connaître: « C'est Julie! » Effusions, transports. Tout finira par un mariage.*

Cette action bébête, bien qu'embrouillée par endroits, est encore alanguie par un quatuor de personnages, laquais, soubrettes, dont l'unique fonction est, au début de chaque acte, de nous mettre au fait de ce qui s'est passé durant l'entr'acte; et par un rôle épisodique de provinciale ridicule, Araminte, tante de Julie, venue à la recherche de sa nièce dont la disparition inquiète la famille.

Cependant, ne nous plaignons pas trop ; c'est à ces valets, c'est à cette tante, que nous devrons les quelques fragments

*de dialogue ayant directement trait aux petites maisons,
à ce qui s'y dit, à ce qui s'y fait.*

*La toile se lève, au premier acte, sur un entretien de La
Montagne, intendant de Valère, avec Frozine, camériste
de Cidalise :*

LA MONTAGNE. *Tout cela peut être ; mais mon Maître m'ennuye à
la mort.*

FROZINE. *Mais quelle condition peux-tu trouver de préférable à la
tienne ?*

LA MONTAGNE. *Cela est vrai.*

FROZINE. *Tu as de l'argent tant que tu veux.*

LA MONTAGNE. *Jusqu'à présent, tout le revenu de Valère m'a passé
par les mains, et il ne tenoit qu'à moi de le ruiner ; mais il n'a besoin
de personne pour cela.*

FROZINE. *Tu fais la plus grande chère du monde.*

LA MONTAGNE. *J'en suis si las que je préfère tous les jours le potage
aux choux de notre jardinier.*

FROZINE. *Tu ne vois que des gens heureux.*

LA MONTAGNE. *Cela devroit être.*

FROZINE. *Il est vrai que ton métier exige une grande discrétion.
Que tu as beaucoup à t'observer, et que cela ne laisse pas de gêner.
Par exemple, quand tu viens dans cette petite maison, il faut prendre
garde qu'on ne t'y voye entrer, pour qu'on ne sache pas dans le quartier qu'elle appartient à ton Maître.*

LA MONTAGNE. *Que veux-tu donc dire avec ta discrétion ? Je crois
que tu te mocques de nous. Ah ! ma pauvre Frozine, tu t'es bien
rouillée pendant deux ans de province, et pourquoi du mystère ?*

FROZINE. *Apparemment que ton maître en met à ses bonnes fortunes.*

LA MONTAGNE. *Lui, point du tout.*

FROZINE. *Et à quoi lui sert-il donc d'avoir une petite maison ? Il
me semble qu'elles n'ont été inventées que pour y venir à la dérobée,
et y attendre les personnes que l'on ne pourroit voir chez elles sans
conséquence.*

LA MONTAGNE. *Cela étoit bon du temps du roi Guillemot. Aujour-
d'hui, une petite maison n'est qu'une indiscrétion de plus : on sait à
qui elle appartient, ce qui s'y passe, les personnes qui y viennent,
comme dans une maison de ville ; et, excepté qu'il n'y a pas sur la
porte en lettres d'or : Hôtel de Valère, d'ailleurs, c'est toute la même
chose. Encore je ne désespère point que la mode n'en vienne...*

*Même acte, scène VI, l'arrivée inopinée de la tante Ara-
minte (car on pénètre dans cette petite maison comme
dans un moulin) donne lieu à une nouvelle définition,
complétant la première :*

Araminte *(s'adressant au jardinier Mathurin). Bonjour, mon cher ; n'est-ce pas ici ce qu'on appelle une petite maison ?*

Mathurin. *C'est une maison qui n'est pas bien grande.*

Araminte. *Oh ! non ; je m'entends bien... Je me sens dans une joie d'être dans une petite maison, et puis en même tems j'ai une frayeur... on dit...*

Mathurin. *Et de quoi, diantre, avez-vous peur ?*

Araminte. *Enfin donc m'y voilà : il faut que j'aime bien ma nièce pour m'exposer ainsi. J'avois tant entendu parler de cela à feu Monsieur de la Grivoisière... Mais je regarde de tous côtés, il me paroit que cela ressemble à tout ce que je connois. J'avois imaginé...*

Mathurin. *Quoi ? Qu'on y entroit par les fenêtres ?*

Araminte. *Je ne sais, mais je me figurois que ce devoit être toutes choses singulières ; de ces inventions galantes ; là, des devises, des emblêmes, des nains comme dans l'ancienne chevalerie, des fausses portes, des trappes, des guirlandes.*

Mathurin. *Eh ! mon Dieu, miséricorde, et où est-ce que tout cela tiendroit ?*

Araminte. *Enfin tout ce qui annonce la galanterie amoureuse.*

Mathurin. *Je ne sais pas comme cela étoit du tems de feu Monsieur de la Grivoisière ; mais pour ce qui est quant à présent, je puis vous assurer qu'il n'y a pas plus de galanterie ici que dans mon œil.*

Araminte. *Comment, ce n'est point l'amour qui conduit ici de jeunes amans, que les recherches des jaloux...*

Mathurin. *Si c'est l'amour qui les y conduit, il faut apparemment qu'il les laisse à la porte.*

Araminte. *Vous m'étonnez ; et pourquoi donc y venir ?*

Mathurin. *Pour voir si le changement de lieu ne remettra pas quelque petit grain d'amitié ; et je ne sais comment cela se fait, mais il arrive toujours le contraire...*

Suit une longue tirade où Mathurin révèle à cette dame, qu'il n'a jamais vue, les secrets les plus intimes de ses maîtres. Il est vrai qu'il pense enfin à lui poser la question par quoi il eût dû commencer : « Mais, Madame, dites-moi, s'il vous plaît, ce que vous venez faire ici ? »

La comédie du président Hénault était sans doute bien oubliée quand parurent, en 1763, les quatre tomes des Contes moraux, de J.-F. Bastide — qu'il ne faut pas confondre avec ceux de Marmontel. La plupart des nouvelles composant le recueil avaient été publiées précédemment dans le Mercure ou autres périodiques : entre autres, celle qui a pour titre : La Petite Maison.

Trémicour possède, sur les bords de la Seine, une admi-

rable petite maison. *Il en fait les honneurs à son amie Mélite, espérant triompher plus aisément de la demi-vertu d'une jolie femme en des lieux où tout porte à la volupté. La maligne Mélite se joue de cette impatience qu'elle devine et exige qu'on lui montre tout en détail, s'attardant comme à plaisir devant chacune des beautés du logis. D'où, l'inventaire en règle des richesses d'une* petite maison : *architecture, peinture, sculpture, ameublement, bibelots.*

Ce badinage est échafaudé sur une pointe d'aiguille ; mais le style en est vif, précis, délicat. Et c'est à bon droit que le bibliophile Jacob l'a fait entrer dans la collection des « Chefs-d'œuvre inconnus », réimprimés par Jouaust.

Comme il faudrait tout citer, je renvoie le lecteur à cette charmante édition.

Le troisième document littéraire qui nous parle des petites maisons *est une nouvelle à tiroirs, œuvre anonyme de la jeunesse de Cailhava, futur membre de l'Institut.* Le Souper *forme la pièce de résistance des* Contes de l'abbé de Colibri, *volume souvent réimprimé et dont la meilleure édition fut donnée par Didot le jeune, en l'an VI. Toutefois, l'ouvrage est de 1771. On n'avait pas encore perdu à cette date le goût des petits soupers.*

Peu de passages descriptifs dans cette suite de récits pimentés où chacun des convives du Souper *rapporte, à son tour, comment il débuta dans la carrière de l'amour physique. On peut noter pourtant ce qui concerne le jardin de la* petite maison :

Un parterre simple mais bien dessiné charme l'odorat et les yeux par la diversité des fleurs dont il est orné. Zéphire y trouve Flore plus belle que partout ailleurs. Aussi y soupire-t-il plus agréablement.

Deux petits bois touffus bornent la vue et s'opposent aux regards curieux des voisins. Nous nous enfonçâmes dans celui qui se trouvait à notre droite. Il recélait un bassin dont le cristal répétait jusqu'aux plus petites feuilles...

Le milieu de ce dédale forme un sallon de charmille. Tout autour sont pratiqué de petits cabinets parés d'un seul sopha de gazon et d'une tapisserie de chèvrefeuille entrelacé avec du jasmin et des roses...

C'est au bord de ce bassin, c'est dans ce dédale de charmilles que les acteurs du Souper vêtus, ou plutôt dévêtus à la grecque, jouent au jeu érotico-mythologique de Diane se faisant surprendre par Actéon, — un Actéon qui ne se change en cerf que pour mieux poursuivre la déesse, — ou d'Ariane aguichant Thésée dans les méandres du labyrinthe. Au bout de la course, le sopha de gazon.

Pour l'intérieur de la petite maison, même sobriété de détails. Retenons seulement que « chaque meuble y affiche la volupté ; on sent en mettant le pied dans ce séjour enchanté que c'est le temple du plaisir et l'on est dévoré du désir d'y sacrifier, dût-on y servir de victime. »

Une dernière production que j'hésiterais à analyser si la fidélité n'était de rigueur en bibliographie, est un « proverbe » de Mérard de Saint-Just, dont voici le titre un peu long : « Œuvres de la Marquise de Palmarèze. L'Esprit des mœurs du XVIIIᵉ siècle ou la Petite Maison, proverbe en 2 actes et en prose, Traduit du Congo. Il fut représenté à la cour du Congo et il devoit l'être en 1776 le jeudi de la première semaine de Carême sur le théâtre de Mˡˡᵉ Guimard. s'il en faut croire le manuscrit trouvé à la Bastille, le 15 juillet de 1789, IIIᵉ édition. »

Primitivement ce proverbe devait s'appeler : La Folle Journée. Mais l'auteur appréhenda d'être confondu avec Beaumarchais et il modifia son enseigne.

Le scénario en est d'une simplicité touchante. La marquise de Palmarèze a disposé de la petite maison de son amant, le président de Guibraville, pour y faire quelques passades. Elle est interrompue dans ses exercices amoureux par le président qui survient sans crier gare, en compagnie de petits-maîtres et de filles de l'Opéra-Comique. Après quelques réticences de pure forme, la grande dame condescend à s'encanailler avec ces espèces et l'orgie va bon train jusqu'à l'entrée soudaine du marquis de Palmarèze, cocu sévère mais juste, qui profitera de l'occasion pour faire mettre sa femme à l'Hôpital.

L'action, qui consiste à nous exhiber la marquise subissant en diverses attitudes la luxure successive du colonel suisse Illacaré, de Mlle de Lesbosie, du chevalier Catso di Coulo, de l'abbé de Guérindal, du président de Guibraville, etc, pouvait fort bien se passer de dialogue. La pantomime aurait suffi. Cependant, Mérard de Saint-Just qui se piquait d'avoir des lettres, crut devoir régaler ses lecteurs d'un morceau de style... je n'ose ajouter : de sa façon.

Voici, en effet, comment Discreto, valet du président, et Justine, soubrette de la marquise, ouvrent la pièce :

JUSTINE. *Quelle condition peux-tu rencontrer qui soit préférable à la tienne?*

DISCRETO. *Cela est vrai.*

JUSTINE. *Tu as de l'argent tant que tu veux.*

DISCRETO. *Jusqu'à présent, tous les revenus de mon maître m'ont passé par les mains, et il ne tenoit qu'à moi de le ruiner ; mais il n'a besoin de personne pour cela.*

JUSTINE. *Souvent tu fais la plus grande chère du monde.*

DISCRETO. *J'en suis las.*

JUSTINE. *Tu ne vois que des gens heureux.*

DISCRETO. *Cela devroit être.*

JUSTINE. *Il est vrai qu'il te faut une discrétion à l'épreuve qui te pèse peut-être beaucoup. Car ton maître étant de robe...*

DISCRETO. *Et pourquoi mettroit-il plus de mystère qu'un autre?*

JUSTINE. *A quoi sert à Monsieur le président d'avoir une petite maison si ce n'est pour cacher ses bonnes fortunes?*

DISCRETO. *Lui ! il ne les cache à personne.*

JUSTINE. *Mais il me semble pourtant avoir ouï dire que les petites maisons des gens comme il faut, n'avoient été inventées que pour y venir à la dérobée, et y attendre les femmes qu'on ne peut voir chez elles sans conséquence.*

DISCRETO. *Cela étoit bon du tems du Roi Guillemot : aujourd'hui une petite maison n'est qu'une indiscrétion de plus. On sait à qui elle appartient, ce qui s'y passe, et celles qui y viennent, comme dans une autre maison. Excepté qu'il n'y a pas écrit en lettres d'or sur un marbre, à la porte: Hôtel de Guibraville. D'ailleurs, c'est toute la même chose. Encore la mode en viendra-t-elle peut-être.*

JUSTINE. Je t'avouerai, Discreto, que si j'étois un jeune seigneur ou fils d'un riche financier, ce qui revient au même, je m'aceomoderois fort bien d'une petite maison. Quelle liberté il y règne! On y soupe en tête à tête sans scandale.

DISCRETO. En effet; point de ressource plus sûre pour former un engagement avec décence; une femme qui se respecte, qui a le cœur tendre, l'esprit libertin, y goûte des plaisirs que n'interrompt jamais l'œil malin du public.

JUSTINE. Aisément j'imagine que rien n'est si charmant que ces petits réduits, aziles des amours et des plaisirs clandestins.

DISCRETO. On ne trouve jamais là de parens au degré prohibé. Aussi jamais de trouble; la sagesse est consignée à la porte, et le secret qui fait sentinelle ne laisse entrer que le plaisir et l'aimable libertinage.

On a pu observer qu'à part les quatre dernières répliques, tout ce dialogue est audacieusement pillé par Mérard dans la pièce du président Hénault. J'exagérais, en annonçant plus haut quatre fragments imprimés sur les petites maisons; de bon compte, cela fait trois et demi, tout au plus.

*
* *

Nous serions donc en peine de nous faire une idée juste des petites maisons, si les documents manuscrits ne venaient à notre aide.

Heureusement pour l'Histoire, Paris possédait alors un lieutenant de police assez enclin à la gaillardise et qui, parvenu à ce tournant de la vie qu'un littérateur célèbre a nommé « l'âge heureux de l'impuissance », aimait à tisonner encore les restes d'un feu mal éteint. M. Berryer avait à ses ordres toute une équipe de mouchards spéciaux, préposés à la surveillance des mauvaises mœurs. Chaque matin, à sa toilette, ce « voyeur » cérébral se délectait aux rapports qui lui étaient fournis par ses limiers sur les débauches de ses administrés des deux et même des trois sexes. Parfois, le soir, il étonnait fort quelque seigneur de

*la cour en lui contant par le menu les fredaines que celui-
ci croyait le mieux cachées (1).*

*Ces rapports ont été conservés, ils abondent en détails
piquants. En veut-on un échantillon ? L'archevêque de
Cambrai, lors de ses passages à Paris, avait l'habitude —
tous les goûts sont dans la nature — de prévenir une procureuse qu'elle eût à lui fournir un couple dont il contem-
plait les ébats, avec une lorgnette, dans une maison sise
en face de la sienne. Par exemple, Monseigneur en voulait
pour son argent :*

*Pour satisfaire promptement Son Eminence (dit un rapport de
police) la Verville a envoyé dans cette chambre deux femmes, dont
l'une avoit pris une chemise d'homme, et qui ont imaginé entre elles
toutes sortes de postures lubriques ; mais Mgr n'en a point été la dupe
et lui a prouvé par une lettre (à la Verville) que son télescope ne
pouvoit le tromper ; puisqu'il avoit très bien remarqué qu'il man-
quoit quelque chose de fort essentiel à l'un des deux champions, et
qu'il la prioit très fort, sous peine de perdre sa confiance, de lui faire
voir à l'avenir un véritable étalon en chantier (2).*

*Un homme aussi averti que M. le lieutenant de police
ne pouvait manquer de prêter une attention particulière
aux petites maisons. Et, de même qu'il savait quel jour,
dans une partie fine, à Puteaux, le duc de Grammont avait,
au dessert, fait admirer à ses convives les charmes nus de
Mlle Humblot, de même il n'ignorait point, dès le lendemain, le repas donné, rue Montmartre près les boulevarts,
par M. Voyer d'Argenson à trois de ses amis et à trois filles,
lesquels avaient « soupé comme des cochons et bu comme
des diables », au point « qu'il y en avoît trois saouls comme
des dogues » et que la dernière fille qui resta fut livrée
aux laquais (3).*

*Parmi les inspecteurs employés au service galant, le sieur
Meusnier fut le plus habile à rédiger ces anecdotes. Il*

(1) Manuel. *La police dévoilée ; 1794. Tome I, p. 350.*
(2) *Bibl. Nat. Mss. franç., 11360. Rapports de police, p. 525.*
(3) *Bib. de l'Arsenal. Arch. de la Bastille, 10236 et 10258.*

excellait à en dégager tout ce qu'il importait de savoir : le nom, la fortune, la munificence des personnages. Seigneurs français ou nobles étrangers de passage, étaient « filés » par lui avec une admirable sûreté de direction, avec un flair et un tact remarquables. Leur figure, leur taille, leur âge, jusqu'à leurs signes particuliers ; leur demeure clandestine, son ameublement, le prix du loyer et le prix de la femme ; leurs contrats et ventes, leurs conflits judiciaires, leurs batailles et leurs saoûleries, rien n'était omis par Meusnier qui joignait, dans ses rapports, à une observation profonde, le trait pittoresque et le mot pince-sans-rire.

Meusnier n'était point sans culture. Il avait servi d'abord dans les Vivres, puis avait été commis aux Aides, sous les ordres du fermier-général Savalette. C'est dans ce poste que sa mauvaise fortune mit sur sa route la femme qui devait faire le malheur de sa vie. Dès lors qu'il eut épousé Geneviève Longagne, sa maîtresse, celle-ci se livra aux excès d'un tel libertinage qu'il se vit dans l'obligation de la faire enfermer. Ces mésaventures conjugales expliquent assez la rancune qu'il gardait aux femmes en général et l'espèce de satisfaction cynique avec laquelle il détaillait leurs dévergondages.

Inflexible dans ses fonctions autant qu'il était « rosse » dans les termes de ses rapports, Meusnier amassa sur sa tête tant de haines, qu'en mars 1757, tandisqu'il conduisait un prisonnier au château d'If, il périt, assassiné sur la route par le nommé Herment, un de ses clients ordinaires (1).

L'inspecteur Marais, son collègue, n'est pas moins précieux à consulter. En ses notes de police, il narre à souhait la nouvelle égrillarde et déshabille lestement les gens les plus huppés. Dès 1749, M. Berryer avait fait dresser

______

(1) *Paul d'Estrées.* Revue Rétrospective, *1892. Tome XVII, p. 217.*

un « *Etat des maisons galantes qu'aurait à surveiller le sieur Marais* ». Trois ans plus tard, celui-ci remit un rapport, par quartiers, « *sur les petites maisons situées aux environs de Paris avec les noms des propriétaires et les noms de ceux qui les occupent, le 1ᵉʳ juillet 1752.* » (1)

*
* *

En vous guidant sur ces deux documents et sur les rapports de Meusnier, vous avez entrepris, mon cher Capon, de nous restituer l'histoire vraie des petites maisons. Puissent vos lecteurs prendre autant de plaisir que j'en ai pris moi même à vous suivre dans ce voyage d'exploration à travers le Paris galant d'autrefois.

Amicalement vôtre,

R. Yve-Plessis.

Paris, janvier 1902.

____

(1) *Bibl. de l'Arsenal.* Archives de la Bastille, 10252.

LES

PETITES MAISONS

GALANTES DE PARIS

AU XVIIIe SIÈCLE

FAUBOURG SAINT-ANTOINE

Sous cette appellation on désignait autrefois toute la partie de Paris formée aujourd'hui par les XI, XII et XXes arrondissements. C'est dans ce quartier que s'élevèrent les premières *Folies* dont quelques-unes donnèrent leur nom aux voies percées sur leur emplacement.

Près de la Grange aux Merciers, il y avait au XIIIe siècle une maison appelée la *Folie-Cornu*, du nom d'une famille qui avait là sa maison de campagne et qui fournit plus tard plusieurs archevêques à l'église de Sens. En 1506 elle appartenait à Girard Baudart, procureur au Parlement, qui en accorda la jouissance à Simon le Hongre (1).

—— Plus connue, la *Folie-Regnault* était au XIVe siècle la maison de délassement d'un nommé Regnauld-Espicier ou Lespicier et avait une certaine étendue (2). Cette vaste propriété fut absorbée au XVIe siècle par le Mont-Louis dont elle devint le potager ; puis, après avoir appartenu aux jésuites

---

(1) Lebeuf. Hist. du diverse de Paris. Ed. 1883, tome II, p. 370.
(2)   —   —   —   1, p. 480.

1

elle fut vendue pour devenir le Père-Lachaise. On dit même qu'il reste encore des vestiges de ce que fut la Folie-Regnault visibles aux n⁰ˢ 188 et 190 de la rue de la Roquette (1).

— — La *Folie-Méricourt* reste plus vague et l'orthographe du nom du propriétaire qui l'occupa varie infiniment, on la retrouve sous le nom de Folie-Mascaut, Folie-Moricaut, Moricourt, etc... (2).

RUE DE CHARENTON

Au xviii⁰ siècle, Nicolas de Rambouillet, seigneur du Plessis et de Lancey, fit construire une magnifique demeure ressemblant plutôt à un château qu'à une maison de plaisance : sa façade donnait sur la rue de Charenton et le parc s'étendait jusqu'à Bercy, les fruits de ses jardins avaient un renom si célèbre que Sauval dit : « On parle des fruits de « Reuilly comme ceux des Hespérides, hormis que pour en « avoir on ne court pas tant de risques » (3).

Le 11 juin 1658, M. de Rambouillet demanda au grand prieuré du Temple dont cette terre dépendait, que ce vaste clos fermé soit érigé en fief, demande qui fut repoussée (4).

Un des fils de ce riche propriétaire, Antoine de la Sablière, sut allier les soins qu'exigeaient l'augmentation de son patrimoine à son goût pour les plaisirs et la littérature ; il fit de la Folie-Rambouillet un rendez-vous des beaux esprits rivalisant avec l'hôtel de Rambouillet où s'assemblaient alors les Précieuses. Son cousin, Tallemant des Réaux nous apprend qu'il eut toujours un penchant pour les femmes, et après avoir raconté indiscrètement sa passion pour Mᵐᵉ Le Tanneur, il ajoute que son mari est « aussi ridicule de corps que d'esprit. »

La Sablière épousa Mˡˡᵉ Hessein et le jeune ménage, pendant la belle saison, résida dans le château de Reuilly. Ils

(1) Intermédiaire, tome XXXV, p. 694.
(2) Lazare. Dict. administratif des rues de Paris, 1849. p. 537.
(3) Sauval. Antiquités de Paris, II, p. 207.
(4) Arch. Nat. Terrier du Grand-Prieuré, S. 5087.

attiraient dans cette *Folie* les savants et hommes de lettres qui trouvaient là de justes appréciations et des protecteurs éclairés. Un des assidus de la maison, La Fontaine, finit par y rester complètement. Il vivait rue de Charenton sans soucis, Mme de la Sablière qui l'avait accueilli épargna au bonhomme tous les tracas de l'existence, se constituant sa pourvoyeuse en disant qu'il n'était pas capable de gagner sa vie (1).

La *Folie-Rambouillet* fut ensuite la propriété de Quentin de la Vienne, « ce barbier de Paris qui devint bientôt petit « baigneur et que les jeunes gens de la cour avaient mis à la « mode ; le Roi sut que cet homme avait des secrets aphrodi- « siaques ; comme la vigueur lui manquait souvent il s'en « trouva bien ; cela fit la fortune du barbier » (2) qui prit dès lors le titre de barbier, valet de chambre du roi.

Au commencement du XVIIIe siècle, le jardin de Rambouillet est vendu à Hyacinthe-Guillaume Foullé de Martangy, avocat général aux requêtes de l'hôtel. Puis cette résidence est morcelée. Le 6 novembre 1719, le clos Rambouillet est acheté moitié par indivis par Jean Law et les demoiselles Desprimeraux (3), ensuite Charles Amelot en devint acquéreur le 6 septembre 1742. La terre resta aux héritiers Amelot qui eurent de fréquents procès avec les maraîchers.

Pendant que les dépendances appartenaient à Pierre Grassin, directeur des monnaies qui les vendit en 1726 à Louis Berthelot de Montchesne, conseiller ; et sa fille ayant épousé Claude Dunoyer, hérita de ce bien le laissant elle-même à sa petite-fille. En changeant ainsi de propriétaires, Rambouillet n'en était pas moins placé dans la censive du fief de Reuilly, membre dépendant du grand Prieuré du Temple. Lorsqu'eut lieu en 1791 la vente des biens du grand Prieur qui était alors le prince de Conti, le clos de Rambouillet y fut compris ;

---

(1) Voir dans le *Bulletin de la Société du faubourg Saint-Antoine* l'article de H. Vial et G. Capon sur la Folie-Rambouillet,

(2) Mém. de St Simon. Edit. Boislile, 1884, tome IV, p. 353 et 375,

(3) Arch. Nationales, S. 5087. Cueilloir du grand Prieuré du Temple. Buvat. *Journal de la Régence*, I, p. 469.

c'était la disparition même du souvenir du fastueux hôtel où Folie-Rambouillet (1). Aujourd'hui il ne reste plus de cette demeure qu'un pan de mur situé 172, rue de Charenton, flanqué d'un urinoir.

RUE DE BERCY

Bercy fort à la mode vers la fin du règne de Louis XIV pour sa situation au bord de la Seine compta nombre de petites maisons.

—— M. le duc de Chaulnes, ambassadeur à Rome, eut la sienne dans la rue de Bercy et ses jardins descendaient vers la rivière (2); il y fit faire une vigne à l'instar de celles qu'il avait vues autour de Rome. Il eut pour successeur M. Louis-Léon Pajot-d'Ozembray, intendant général des postes, qui embellit considérablement cette propriété ornée de pièces d'eau agrémentées de rocaille et de coquillages, de petits bassins de marbre soutenus par des consoles de même matière et très bien travaillées, on y voyait aussi des oiseaux aquatiques enfermés et nourris dans une grande volière (3).

Le 25 juillet 1717, le roi accompagné de Monseigneur le duc du Maine, du maréchal de Villeroy, de M. l'évêque de Fréjus, de Monseigneur le prince Charles et de sa cour ordinaire, vint se promener à Bercy pour descendre chez M. Pajot-d'Ozembray et admira les curiosités mécaniques que rassemblait Pajot dans cette maison de plaisance; puis ils descendirent au jardin où l'on fit jouer les eaux (4). En 1721, c'est l'ambassadeur turc qui va voir ce curieux cabinet (5) où l'on remarquait une pépite d'or d'environ 10 à 12,000 livres, valeur intrinsèque (6). A sa mort ses collections furent léguées à l'Académie des sciences et la maison revint à ses héritiers (7)

(1) Bulletin du faubourg Saint-Antoine, I, p. 28-29.
(2) La Caille. Description de Paris, 1714, in-fol.
(3) Liger. Le voyageur fidèle, 1716-8.
(4) Journal de Dangeau, 25 juillet 1717.
(5) Journal de la Régence, 21 juin 1721.
(6) De Jèze. Etat de Paris, 1757, in-12.
(7) Correspondance de Métra, 1785.

dont faisait partie le comte Dufort de Cheverny qui la loua à ses cohéritiers pour se faire inoculer, le Parlement défendant que ces opérations eussent lieu dans les villes. Il y fit porter des meubles et ne garda que quelques domestiques (1).

—— Dans la même rue à côté de l'habitation du duc de Chaulnes il y avait également en 1714 la vigne du duc de Gesvres dont l'habitation était au contraire de sa voisine du côté de l'eau et les jardins sur la rue de Bercy (2). Elle fut occupée ensuite en partie par M. Orry, ministre d'Etat et contrôleur général des finances qui fit paver le chemin qui venait de la porte Saint-Antoine et modifia la maison qu'on appela depuis le Petit-Bercy ou le Petit-Château. Il s'y donnait de grandes fêtes où toute la maison était illuminée avec la plus grande magnificence, puis on tirait le feu d'artifice sur l'eau et ensuite on soupait magnifiquement. Les ambassadeurs étrangers étaient invités à ces fêtes ainsi qu'un grand nombre de personnes de distinction (3). A la mort de M. Orry la maison fut vendue au fermier-général Beauregard, la cédant lui-même à M. le duc de Penthièvre qui la désirait fort, il la paya 10,000 livres et y dépensa 83,000 livres de réparations, plus 30,000 livres de meubles; un an après une crue subite de la Seine inonda sa maison, les meubles se trouvèrent gâtés, les lambris et les dorures perdus; devant ce désastre, M. de Penthièvre acheta une autre propriété et vendit celle de Bercy à Mme de Rupelmonde-d'Aleyre, sœur de la maréchale de Maillebois, qui la paya 80,000 livres; elle y mourut le 31 mai 1752 (4).

En 1776, M. de Boismorel en est propriétaire et Mme Roland vint y contempler le cèdre du Liban ornant le jardin et méditer dans la bibliothèque où elle aimait se retirer. L'autre

(1) Mémoires de Dufort de Cheverny, 1886, publiés par Robert de Crève-cœur tome I, p. 291.

(2) La Caille. Descript. de Paris, 1714, in-fol. — François Bernard, duc de Gesvres, fut brigadier des armées du roi (1690), gouverneur de Paris (1704).

(3) Mercure de France, 23 octobre 1744.

(4) Duc de Luynes. Mémoires, tomes X, p. 348; XI, p. 3; XII, p. 28, 29. — Mémoires de Me Roland.

partie de la vigne de Gesvres après avoir été la propriété de M. de la Croix appartint à l'abbé Anison, lequel y fit élever une coquette demeure.

—— Une autre maison voisine située entre la Râpée et Bercy ayant pour propriétaire dame Marie-Denise, veuve de Claude-Geoffroy, est acquise le 12 janvier 1763 par Philippe-Barthélémy Levêque de Graville, grand-maître des eaux en les cours de Paris (1). Ce seigneur ne tarde pas à l'occuper joyeusement, et le 27 mai de la même année, M. de Sartines, lieutenant-général de police, recevait le rapport suivant : « Monsieur de Graville, grand-maître des eaux et forêts a « renoué avec la demoiselle Montplaisir qui a été ancien- « nement sa maîtresse. Elle va le voir journellement à « Bercy où il demeure. Il fait tout ce qu'il peut pour l'enga- « ger à rester avec lui, mais cette demoiselle qui sait par « expérience qu'il rend ses maîtresses esclaves et qu'il les « traite très durement lorsqu'elles ont la complaisance de « demeurer dans la même rue et dans la même maison a jus- « qu'à présent résisté à toutes ses instances et a toujours « profité d'une très belle bague et d'une montre à répétition « enrichie de diamants qu'il lui a donné pour prouver l'excel- « lence de ses procédés et l'amener à ce qu'il désire. Mais « elle au contraire espère le conduire à lui donner des meu- « bles à Paris dans un appartement loué à son nom afin que « s'il vient à changer d'idée, il ne puisse point lui reprendre « ses effets, comme il a fait par le passé (2) ».

—— M. de Fontanieux, intendant du garde-meuble de la Couronne, soigna dans une petite maison qu'il possédait rue de Bercy une « galanterie » qui couvait depuis longtemps. « Le baron Warseberg, malgré qu'il entretenait la D^{lle} Lafo- « rest, voyait encore les filles de la Varenne ; il puisa dans le « flanc de Mlle Dorville ce poison destructeur qu'il procura à

____

(1) Arch. nationales. St Gervais, S. 3363.

(2) B. N. MSS. fr. Rapports de police, 11359, p. 116, c. f. Journal des inspecteurs de M. de Sartines, 1863, p. 282.

« la D^lle Laforest, qui de son côté fit présent à M. Saimson,
« mousquetaire, avec qui elle guerluchonnait, lequel par la
« même voie en fit cadeau à la D^lle Lafond, de la Comédie-
« Italienne, qui sans façon la voitura à M. de la Ferté, inten-
« dant des Menus-Plaisirs, qui de même par inadvertance, en
« gratifia la D^lle Rozetti, qui de même la souffla à de Fonta-
« nieux, qui, moins généreux que les ci-devant nommés a
« jugé à propos de lui faire couper la racine par le sieur
« Keyser, fameux pour ces sortes de maladies (1) ».

Après quelque temps de villégiature solitaire nous voyons
ce même Fontanieux, guéri probablement, donner en janvier
1762, vingt-cinq louis à la D^lle Le Doux connue pour être fort
libertine à qui il fallait un homme aussi peu soupçonneux
que l'était M. de Fontanieux qui avait bien prouvé pendant
trois ans qu'il avait vécu avec la D^lle de Wolf, qu'il s'embar-
rassait peu de toutes ces misères-là (2). Ses infortunes ne
s'arrêtèrent pas, car en 1771 on dit de lui dans les gazettes
scandaleuses : « L'art de faire banqueroute a un amant,
« publié par Mlle Deschamps, vient d'être revu et corrigé par
« Mme de Montalais, qui en fait une nouvelle édition aux
« dépens de M. de Fontanieux dans sa petite maison de
« Bercy (3) ».

—— Enfin tout en haut de la rue de Bercy, dès 1642, il existait
un pavillon se louant à divers particuliers. Les Pâris deve-
nus acquéreurs en 1711 en firent un gros pavillon de pierres
de taille « à la romaine » entouré d'une terrasse donnant sur
la rivière. Cet édifice était de distribution singulière ; il avait
dix toises de face et ne présentait à la vue qu'un seul étage,
quoiqu'il en eût cinq, au comble était une plate-forme four-
nissant une très belle vue, aucune cheminée n'était apparente
sur tout ce bâtiment dont la construction resta d'ailleurs
inachevée. Ce pavillon qui reçut tour à tour le nom de pavillon Martel, puis le pâté Bercy conserva le nom de Pâté-Pâris

---

(1) Journal des inspecteurs de M. de Sartines, 1863, in-12, p. 57.
(2) Bibliot. Nat. MSS. fr. 11358, p. 638.
(3) Gazetier Cuirassé, 1772, p. 82.

par allusion à sa forme massive (1). Ces Pâris, fils d'un cabaretier, commencèrent leur fortune par une spéculation sur
les blés au moment d'une famine en Dauphiné, les quatre
frères devinrent fort riches, dès 1722 on leur supposait plus
de trente millions en pays étrangers, quoique n'ayant pas
beaucoup de terres (2). Le pavillon échoua particulièrement
à Pâris de Montmartel, et en 1767 M. de Bercy renouvelle à
Mme de Montmartel une permission viagère d'avoir des vues
grillées sur son parc. Le pavillon fut ensuite occupé par M. le
marquis de Marigny qui réunit-là une collection de curiosités,
ses héritiers le vendirent le 29 octobre 1785 pour le prix de
76,200 livres de principal. En 1789, la propriété passa à un
architecte, Guillaume-Elie de Foulon. En 1814, les dépendances servirent à édifier une caserne que nous voyons occupée en 1869 par le train des équipages. Plus tard, l'enceinte
des fortifications et le chemin de fer de ceinture séparèrent
la propriété du parc même de Bercy (3) ; enfin, en 1878, le
Pâté-Pâris est démoli entièrement et à sa place on installe le
dépôt des eaux-de-vie (4).

—— Le duc de Rohan possédait en 1724 une maison dans
la même rue vis-à-vis les Pères de la doctrine chrétienne, il
obtint la permission d'élever à gauche et à droite deux
pavillons d'entrée, avec une demi-lune d'apparence seigneu-
riale (5) ; le 22 juillet 1757, les affiches du jour nous appren-
nent que cette maison est à vendre « toute meublée, deux
ailes de corps de logis, beau jardin avec pâture, charmille,
couvert, orangerie, cour, basse-cour avec écurie pour six
chevaux et trois carrosses. »

Le fils du duc de Rohan, le prince Léon eut dans cette
maison de doux entretiens avec la comédienne Florence,
ex-maîtresse du Régent, qu'il garda quelque temps au grand

(1) Boislille. Topographie historiq. de Bercy, 1888, in-8, p. 77.
(2) Barbier-Journal, 1847, I, p. 145.
(3) Boislille. Topographie historiq. de Bercy, 1882, in-8, p. 78.
(4) Le National. Mars, 1878.
(5) Boislille. Topographie historiq. de Bercy, 1882, in-8, p. 54.

PARTIE DE   PLAISIRS
Dédiée à Monsieur   De La Live,
Introducteur des Ambassadeurs   et honoraire de l'Académie Royale
De France   et Sculpture

scandale de sa famille et qu'il finit par quitter pour enlever Mlle de Roquelaure dont il fit sa femme par la suite (1).

RUE DE PICPUS

Malgré le voisinage des couvents, la rue de Picpus eut aussi quelques habitations de plaisance, Ninon de Lenclos y eut un vide-bouteilles ; le musicien Marais, successeur de Lully ; M. de la Baume, maître des comptes ; M. de Gourgues, maître des requêtes, et plus tard à la fin du xviiie l'actrice Doligny vinrent y habiter ; au n° 4 une petite maison subsiste encore occupée aujourd'hui par un entrepreneur de démolitions, elle appartenait à un certain Léonard Bounaud de Tranche-cerf, écuyer et comte du Saint-Empire.

—— Une demeure plus obscure, au n° 14, servit pendant plusieurs années à la maîtresse de M. le vicomte de Gamache, la d^{lle} Marie Viot, dite Bourcelles.

Un rapport sur cette demoiselle daté du 11 janvier 1760 nous apprend que « La D^{lle} Bourcelles qui demeure à Picpus « et qui vit avec M. le vicomte de Gamache est native de Paris, « son père était cordonnier, sa mère ravaudeuse, tous deux « morts l'un à Bicêtre, l'autre à l'Hôtel-Dieu et ce par misère ; a « pris sa volée dès sa tendre jeunesse, elle fit ses premières « épreuves avec un clerc du commissaire Blanchard à qui « elle fit succéder un clerc de notaire de qui elle ne recevait « aucun salaire, pourquoi ils furent tous deux exclus par un « jeune homme nommé Duronssière (2), fils de la Filion qui « jouait à Paris le rôle de Petit-Marquis qui lui donna dans « l'œil et qui cependant ne se ruinait pas pour elle, puisqu'il « ne lui donnait que trois livres par semaine pour acheter « des friandises ; elle n'avait alors que quatorze ans, il la « retira cependant de chez ses père et mère qui demeuraient « alors près de Saint-Julien-des-Menestriers et la mit en « apprentissage chez une coiffeuse où elle se déplut et prit

---

(1) Buvat. Journal de la Régence, 1865, tome I, p. 310. Note de Campardon.
(2) De la Roncière.

« en même temps du dégoût pour Deronssière, ce qui fit
« qu'elle donna avis à ses parents qu'elle souhaîtait rentrer
« avec luy (sic), ils vinrent la reprendre et chez eux elle les
« tourna à sa fantaisie ; elle les fit se prêter au genre de vie
« qu'elle voulait mener ; elle eut donc pour première con-
« naissance un nommé Ballet, garde du Roy qui la mena à
« différentes assemblées et au bal de l'Opéra ; elle y fit con-
« naissance du vieux marquis de la Capelle, provençal de
« nation et moitié fol, grand coureur de filles qui lui demanda
« son adresse et qui ne manqua pas dès le lendemain de
« l'aller voir; il la fit aussitôt quitter ses père et mère et la
« mit en chambre garnie rue du Battoir. près les Cordeliers,
« où elle ne resta que trois jours, un marchand de vins de
« la connaissance du marquis s'introduisit chez elle et lui dit
« tant d'horreurs de ce gentilhomme qu'elle prit la fuite et
« retourna encore une fois chez ses parents qui s'en trou-
« vèrent fort embarrassés ; le marquis raconta son aventure
« à un jeune provençal nommé Le Maire qui saisit l'occasion
« et vint faire sa cour à la jeune personne; ils s'aimèrent et
« de leurs amours provint un enfant qui fut mis aux Enfants-
« Trouvés ; le provençal la voyant dans la misère et lui
« hors d'état de l'en tirer la conduisit chez une femme du
« monde du consentement de ses père et mère ; on ne se
« rappelle pas le nom de cette femme, ce qu'il y a de certain
« c'est qu'elle lui donna de bonnes connaissances, entre
« autres M. de Montamand, gouverneur du Palais-Royal, et
« M. Fontaine, secrétaire des commandements de M. le duc
« d'Orléans pour qui elle prit beaucoup de goût, oubliant
« bientôt le jeune Le Maire qui s'était fait mettre pour dettes
« au fort l'Evêque, la femme chez qui elle était lui conseilla
« de faire croire à l'un de ces deux messieurs qu'il était le
« père de l'enfant dont elle commençait d'être enceinte, soit
« que le sieur Fontaine le crût ou non il continua de la voir
« et de l'assister dans ses couches avec beaucoup de généro-
« sité ; il lui donna même pour cinq à six cents livres de
« meubles et la fit sortir de chez cette femme où il l'avait
« connue. Ce qu'il y a de particulier et qui annonce la force

« de tempérament de cette demoiselle, c'est qu'elle aimait
« M. Fontaine qui était jeune et cependant se laissait guerlu-
« chonner par M. de Montamand beaucoup plus vieux et
« moins fait pour plaire ; l'enfant étant arrivé trois semaines
« plutôt qu'il n'était attendu, M. Fontaine se fâcha et M. de
« Montamand qui était intéressé à conserver pour lui seul
« cette maîtresse entretint cette brouillerie en lui faisant les
« plus belles promesses et cependant la quitta au bout de
« deux mois. Elle se mit à faire des parties et quitta le loge-
« ment qu'elle occupait rue Saint-Honoré et vint demeurer
« rue Froidmanteau. Dans ses circulations elle fit la connais-
« sance de la D^{lle} Levaux, dite la belle Allemande, et cette
« liaison devint bientôt si intime qu'elle fut s'installer dans
« sa maison rue Grange-Batelière. C'est là à ce qu'on prétend
« qu'elle fit la conquête de M. le vicomte de Gamache qui a
« pris pour elle la plus forte passion depuis plusieurs
« années. Elle demeure depuis trois ans à Picpus dans la
« Grande-Rue, n° 14, maison de Mme La Fère. Elle s'y tient
« très tranquille et ne vit que des seuls bienfaits de M. le
« vicomte, qui acheta sous son nom, avant de partir pour
« l'armée l'année dernière, une terre sise à 40 lieues d'ici
« près Epernay, en Champagne, moyennant 12,000 livres.
« Il y a environ sept mois qu'elle fut à cette terre pour en
« prendre possession ; elle y fut très mal reçue, on ne vou-
« lait pas la reconnaître pour dame de cette terre, les fonds
« n'en étant pas payés, les habitants cependant se sont
« adoucis et elle y est restée jusqu'àprès les vendanges et
« s'en est revenue à Picpus. Elle reçoit de temps en temps de
« l'argent que M. le vicomte lui envoie et vit avec beaucoup
« d'économie ; son domestique est seulement composé d'un
« laquais et d'une paysanne qui lui sert de servante.

« Le véritable nom de cette D^{lle} de Bourcelles est Viot ;
« quant à sa personne elle est de petite taille, mais bien
« faite, brune de cheveux et d'une assez jolie figure ; actuel-
« lement âgée de 26 à 27 ans, le caractère fort doux et parais-
« sant fort attachée au vicomte qui ne lui envoie pas pour le
« présent de grosses sommes, ainsi qu'on le sait de son

« laquais même que j'ai fait questionner par un homme
« adroit. M. le vicomte de Gamache, est pour le présent à
« Rouen en garnison ; il est capitaiue de cavalerie dans le
« régiment que son frère aîné le marquis de Gamache com-
« mande » (1).

RUE DE LA ROQUETTE

Le 19 janvier 1751, le sieur de la Vallée venant chez la
Carlier emmena une de ses filles dans sa petite maison cul-
de-sac de la Roquette lui appartenant ; il convint d'y entretenir cette D^{lle} De Lorme aux conditions de 100 livres par
mois, pourvu qu'elle ne s'absentât pas de la maison ; le mois
suivant c'était chose faite. Mlle De Lorme prit le nom de
Mlle Delor ; mais un ami du sieur de La Vallée nommé de
La Place fit « l'ouvrage de son ami sans que celui-ci s'en
aperçusse » (2). Ce dernier le plus heureux des trois était
un écrivain fécond mais des plus médiocres. Le ménage dura
sans doute assez longtemps, car on ne les voit pas reparaître
dans la maison de la Carlier chercher de nouvelles amours.

—— Dans la même rue de la Roquette à droite en montant,
au fond d'une cour d'honneur encadrée de parterres fleuris,
décoré de sculptures emblématiques, de groupes d'amours
et de bustes appariés sans autre souci que l'effet décoratif,
s'élevait un coquet hôtel bâti en 1708 par l'architecte Dulin
pour Dunoyer, intéressé dans les vivres, et plus tard premier
greffier du Parlement. Comme jadis la maison de Renard, aux
Tuileries, la maison du complaisant Dunoyer servait parfois
aux rendez-vous galants de personnes qualifiées ; c'est là que
le 10 juin 1721, le Régent triompha des fragiles scrupules de
Mme d'Averne.

« Le soir, dit Mathieu Marais, les deux amants se sont
trouvés à la Roquette, dans la maison de Dunoyer qui était
autrefois dans les vivres ; et on y a passé une partie de la
nuit. Le lendemain le Régent dit à ses amis : je suis arrivé. »

(1) B. N. MSS. fr. 11,358, p. 9. Rapports de Marais.
(2) Arsenal. Arch. de la Bast., 10,253. Rapport de La Carlier.

Cette femme était déjà la maîtresse du jeune marquis d'Alincourt qui fut très désespéré de cette quitterie, car elle lui avait dit qu'elle aimerait mieux coucher avec un Savoyard qu'avec le Régent (1).

Dunoyer légua sa maison par testament aux enfants de son frère. Sa nièce, la baronne de Winterfeld, la loua ensuite à l'illustre savant M. de Réaumur, qui l'occupait encore en 1752.

En 1753, M. le comte de Clermont qui cherchait une retraite discrète loin des regards curieux en devient propriétaire, il y fit peu de changements, et sur l'emplacement des laboratoires de son docte prédécesseur s'éleva un théâtre élégant, les cabinets d'étude redevinrent des boudoirs coquets et la galerie zoologique céda la place à un petit monde bien vivant, bien sémillant, amoureux d'histoire naturelle à sa manière, mais bornant volontiers son étude à l'anthropologie composée.

Les représentations au théâtre intime de la rue de la Roquette étaient très recherchées, les grandes dames assistaient aux œuvres égrillardes sans se cacher ; elles les entendaient et les jouaient même à visage découvert, pourvu, bien entendu, que ce fut dans leur monde. L'inauguration de ce théâtre dut se faire en novembre 1754 avec un magnifique programme. Ce gala donné à l'occasion de la fête de Mlle Le Duc, maîtresse en titre du comte de Clermont, dura trois jours. On joua le 18 *Le Chevalier à la Mode* et *La Rancune Officieuse* ; le 19, *La Coupe Enchantée* et la parade de *La Gageure des trois Commères* ; enfin le 20 on termina cette série par *Les Amants déguisés* et *Le Temps passé*, ces pièces avaient pour principaux interprètes le comte lui-même et Mlle Le Duc héroïne de la fête.

Les représentations continuèrent joyeusement sur cette scène, alternant avec celles du château de Berny, autre maison de campagne du prince.

C'est dans l'hôtel de la Roquette que Louis de Bourbon-Condé, comte de Clermont, expira le 16 juin 1771. Le curé de

(1) Journal de Mathieu Marais. Revue rétrospective, 1836, in-8, page 25.

Sainte-Marguerite, accompagné de son clergé s'y rendit processionnellement pour y rejoindre l'évêque d'Arras. Après les prières, le corps fut descendu dans la salle de parade. Le cortège du convoi était composé de gardes, suisses, pages, officiers, etc., tous à cheval et tenant chacun un flambeau. Le carrosse à huit chevaux marchait ensuite (1).

L'hôtel de la rue de la Roquette fut acheté par le marquis de Montalembert, maréchal de camp, qui continua la joyeuse vie de son prédécesseur ; le théâtre reprit ses représentations privées sur lequel on vit M. de Saint-Georges qui cumulait l'art de l'escrime avec l'art dramatique, du reste il obtint les faveurs de Mme la marquise de Montalembert, née Marie-Joséphine de Commarieu, fille d'un inspecteur général des domaines de la couronne, on parlait même dans le quartier d'un enfant né de ce commerce illégitime en 1785 (2). Le marquis abandonna sa femme quelques années après à Londres, puis fit prononcer son divorce pour se remarier avec une dame Cadet, de la famille Cadet de Gassicourt. Après la Révolution, l'industrie s'empara des bâtiments et du vaste jardin de la rue de la Roquette jusqu'à ce que les rues Godefroy-Cavaignac et la cour Delille fussent percées sur l'emplacement de ce qu'on appela longtemps l'hôtel Montalembert (3).

RUE DE LA MUETTE

Cette rue qui fait aujourd'hui partie de la rue des Boulets allait de la rue de la Roquette à la rue de Charonne.

Le sieur Dogeron y demeurait en juillet 1771 ; sa maison située après la première barrière de la rue de Charonne, au lieu dit Larpan, derrière les murs du jardin de Bon-Secours, fut l'objet d'un rapport de police daté du 1er août 1771 :

« J'ai l'honneur de vous rendre compte qu'en conséquence « de vos ordres j'ai fait la recherche du domicile de M. Doge-

(1) Cousin. Le comte de Clermont, 1867, in-8, t. II.
(2) B. N. MSS. fr. 10,364. Mém. pour la fin du xviiie, p. 172-229.
(3) Cousin. Le comte de Clermont, II, appendice.

« ron : rue de Charonne que j'ai à la fin trouvé rue de la
« Muette où il n'y a que sa maison et des murs.

« J'ai appris dans Paris qu'il a demeuré rue Poissonnière
« dans la maison du bureau de la petite poste de Paris : vis-
« à-vis la rue Beauregard au 3e, il est âgé d'environ 30 ans,
« on le dit le fils d'un commerçant en épicerie d'auprès de
« Marseille et fort intrigant ; il y a environ neuf ans qu'il est
« à Paris, il se dit allié de M. le maréchal de Censay (1) du
« bureau des économats qui lui a fait avoir la régie des
« affaires de l'abbaye d'Hyères tant que Mme de Clermont
« d'Amboise en a été abbesse ; mais depuis que Mme de Fran-
« lieu en a pris possesion, il n'est plus l'intendant de cette
« abbaye. Il allait alors travailler dans un bureau exprès
« qu'il avait pour lui seul aux Economats... Comme M. Doge-
« ron est industrieux, il a fait connaissance de la demoiselle
« Regampié, fille de 36 ans environ, laquelle a été dans sa
« jeunesse femme de chambre d'une dame maîtresse de son
« bien, qui par sa mort lui a laissé 1,600 livres de rente et
« plus de 20,000 livres comptant ; de sorte que le sieur Doge-
« ron a engagé cette demoiselle à venir demeurer avec lui en
« lui proposant de fournir les fonds pour l'acquisition de la
« maison appelée Larpan, sise rue de la Muette, faubourg
« Saint-Antoine, où il y a un beau jardin tenant à celui de
« Bon-Secours.

« Cette maison appartenait au sieur Aublin qui l'a vendue
« il y a un mois au sieur Dogeron et à la Dlle Regampié
« moyennant la somme de 20,000 livres. Ils sont venus l'oc-
« cuper aussitôt. Cette maison est fort vaste, le jardin est
« fort grand, il y a des sorties près le chemin de la rue de la
« Roquette ; elle a toujours été une maison de plaisir de
« prince et grand seigneur, le prince de Rouen (sic) (2) l'a
« occupé. Le sieur Dogeron en garçon fort avare a beaucoup
« de vanité ; il a plus de trente habits plus beaux les uns que
« les autres pour figurer dans le monde ; ils n'ont aucun

(1) Je ne vois dans l'almanach royal que le maréchal de camp du Sauzay
nommé en 1768. C'est le seul nom rapprochant.
(2) Sans doute Rohan?

« domestique pour les servir, ni cabriolet, ni cheval ; c'est la
« femme du jardinier qui fait leur ménage, ils lui donnent
« pour la peine le surplus du fruit qu'ils ne peuvent pas
« manger.

« Le sieur Dogeron ne pourra se tenir renfermé l'hiver
« dans cette maison, il a sans doute quelques vues ; elle est
« située de façon à y faire tout ce que l'on voudra sans être
« aperçu de qui que ce soit ; excellente et des plus cachées
« pour une imprimerie, attendu que l'on peut sortir par la
« porte qui est au bout du jardin près du couvent de la
« Roquette. Le sieur Dogeron a une maison à bail aux Prés-
« Saint-Gervais qu'il surloue... où il va très souvent à pied
« avec la D^{lle} Regampié depuis qu'ils sont dans leur mai-
« son » (1).

RUE DE CHARONNE

Le marquis de Ximenès bien que fréquentant les cou-
lisses de l'Opéra et malgré les nombreuses intrigues qu'il y
avait avec les actrices à la mode, entre autres Mlle Clairon, ne négligeait pas les pourvoyeuses renommées et rendait
souvent visite à la Baudouin demeurant rue des Boucheries-
Saint-Honoré. Dans une de ces visites, le 21 septembre 1753,
il fit connaissance de la D^{lle} Marquis, « elle lui plut, il s'en
servit et l'emmena avec lui dans sa maison de campagne au
grand Charonne, elle n'en est revenue que le lendemain à
une heure de l'après-midi ; elle y est retournée le lundi suivant et y a également couchée avec lui ; elle en a eut
huit louis dans ces deux fois. » Quelques jours après, le
25 septembre, il retourna chez la Baudoin et lui demanda
si elle pouvait avoir la D^{lle} Faunesse, dite la Beauvoisin,
qu'il emmena également à Charonne dans son équipage ;
mais ce grand seigneur posait quelquefois ce qu'on appelle
aujourd'hui le lapin, il avait promis quatre louis et n'en
donna que deux ; ce qui n'empêcha pas la Baudouin de

(1) Arsenal, arch. de la Bast., MSS., 10,252.

Un Petit Souper

lui envoyer à sa petite maison de Charonne le 28 la petite
Dancourt qu'il dut contenter pécuniairement, car elle ne se
plaignit pas de sa rapide villégiature (1). Le marquis de
Ximènes vécut jusqu'à l'âge de 92 ans, sans changer, paraît-
il, ses habitudes ; en ce cas, la petite maison de Charonne
dut voir une longue succession de furtives et jolies locataires.

—— Un officier aux gardes, M. de Pomereux, tenait dans
une autre petite maison de Charonne la D^{lle} Rossignol. Cette
personne avait déjà ruiné M. De Caze la dernière année qu'il
avait été dans la ferme générale, elle n'était plus de la première jeunesse, mais elle pouvait passer pour une femme
très aimable et très décente. Ce couple habitait Charonne en
mai 1766 (2).

—— Un autre jeune homme, Omer-Louis-François Joly de
Fleury avait loué aussi à Charonne, en 1769, à la dame de
Lamarre, une maison pour y installer sa maîtresse, Mme d'Estad, elle fut meublée à grands frais. Joly de Fleury avait
connu cette dame en 1764, il était alors âgé de 22 ans. La
dame d'Estad sut si bien prendre autorité sur lui qu'il devint
l'esclave absolu de ses volontés. En 1768, devenu avocat
général, il se maria et fit tout ses efforts pour se débarrasser
de sa maîtresse, mais elle vint à bout de le dominer de nouveau, il eut d'elle des enfants et son train de vie ne diminuait
pas, au contraire. La dame d'Estad quitta la rue de Charonne
avec quatre filles naturelles et se fit acheter deux maisons
sises rue Charlot et rue Boucherat, enfin les engagements du
jeune avocat général s'accumulèrent à un tel point que la
ruine fut inévitable. Lorsqu'il eut dépensé plusieurs centaines
de mille francs il ouvrit les yeux et vit que sa maîtresse était
de connivence avec un habile escroc. C'est alors que pour-
suivi par ses créanciers, il adressa une plainte au Parlement
siégeant en la Tournelle Criminelle (3).

(1) Arsenal, arch. de la Bast., 10,252.
(2) B. N. MSS. fr., 11,360, p. 83.
(3) B. N. MSS. Papiers de Joly de Fleury, 2,488, p. 248-254.

— — La fameuse comtesse de Lamotte, célèbre par l'affaire du collier eut aussi une petite maison rue de Charonne. La fille Oliva dans son interrogatoire déclare n'avoir été dîner chez la dame de Lamotte tant à Paris qu'à Charonne que trois ou quatre fois (1).

RUE DE MONTREUIL

La rue de Montreuil eut sa célébrité, grâce à l'hôtel qu'y fit élever Maximilien Titon et qu'occupa plus tard son fils, Titon du Tillet. Cette maison était richement décorée par la collaboration d'artistes de talent comme Colignon, Fontenay-Lafosse, Rousseau, Jouvenet, Fontenay, Poerson, Boulogne aîné ; grande et somptueuse on l'avait nommée la Folie-Titon et même Titonville ; elle n'avait pas moins de trois portes sur la rue de Montreuil et deux sur la rue des Boulets, mesurant en tout 8,359 toises. Evrard Titon du Tillet, maître d'hôtel de la dauphine se fit une réputation par la protection qu'il accorda aux lettres et l'idée qu'il eut d'élever un monument à la mémoire du règne de Louis XIV et des grands hommes qui l'avaient illustré. Ce monument exécuté par Louis Garnier, élève de Girardin, terminé en 1718, représentait le Parnasse où, trônant au sommet Louis XIV sous la figure d'Apollon tenait une lyre, au-dessous de lui toutes les célébrités de l'époque y étaient représentées. Ce Mecène n'hérita que partiellement de Titonville. Gon, vicomte d'Argentière, capitaine des gardes françaises, propriétaire de l'autre portion vendit ce lot en 1751 à Titon du Tillet déjà propriétaire du lot contigu (2) qui l'occupa assez souvent s'il faut en croire Barbier, disant que Titon « vit dans une petite maison sur le rempart dans une débauche publique avec des filles qui sont tous les jours à sa table, ce qui ne convient pas à un magistrat » (3). Il avait fait élever dans cette demeure un théâtre où la D^{lle} Leclair, danseuse dans les ballets de la Comédie-Ita-

(1) Campardon. Marie-Antoinette et le collier, 1863, in-8, p. 357.
(2) Lefeuve. Les anciennes maisons de Paris, 1873, **IV**, p. 209.
(3) Barbier. Journal 1866, tome IV, p. 259.

lienne, faisait les délices en 1760 de cette scène dirigée par le sieur Laribardière (4). En 1763, Titon d'Ozery et Titon de Neuville, héritiers d'Evrard ont pour acheteur François de Saint-Jean, greffier des dépôts du Parlement. Et l'autre partie acquise par Sanson est vendue en 1767 à Reveillon déjà locataire, lequel en fit une manufacture de papiers peints. A cette époque on y voyait encore les superbes plafonds peints par Lafosse, Poerson et autres bons maîtres de dernier siècle, restaurés et conservés avec soin, les jardins et la maison réparés avaient encore un aspect rappelant la Folie-Titon (1). C'est dans son jardin que se firent les premières expériences de la mongolfière, le ballon s'élevait retenu par des cordes ; tout Paris y courut, et le 15 octobre 1783 sur les 5 heures du soir pour la première fois on vit un homme se suspendre seul au fragile aérostat et s'élever à la hauteur de près de 300 pieds. Bientôt il eut pour compagnons M. Giraud de Vilette et ensuite M. le marquis d'Arlandes ; à la suite de ces expériences, cet homme audacieux, Pilâtre de Rozier, s'abandonnait dans les airs le 21 octobre suivant (2). Lors des premières fermentations révolutionnaires, le 28 avril 1789, la maison de Réveillon fut envahie et livrée à un pillage général, les glaces, les meubles furent brisés et la maison en grande partie consumée par les flammes. C'était l'aube d'une ère nouvelle qui devait sortir des restes de Titonville ou Folie-Titon.

L'autre partie de la propriété de Titon du Tillet devint l'hôtel de Damas (3).

RUE POPINCOURT

Un homme d'esprit, bon plaisant, d'un sel fin dans un sérieux ironique, M. de Curis, intendant des menus, était le chef d'une bande joyeuse qui se réunissait en 1751, rue de

(1) B. N. MSS. fr. Rapports de police, 11,358, p. 131.
(2) Thierry. Le voyageur à Paris, 1787, I, p. 639.
(3) Tournon de la Chapelle. La vie et les mémoires de Pilâtre de Rozier, 1786, in-12, p. 29.
(4) Intermédiaire, tome XXXV, p. 695, Giraut de Saint-Fargeau. Dict. géographique de la France, 1847, III, p. 250.

Popincourt, ou pour prononcer comme à l'époque, **Pincourt**.
La Carlier, proxénète, raconte que : « Le 10 janvier 1751,
« MM. Bertin et Curis ont soupé à Pincourt avec d'autres
« messieurs ; ils avaient en femmes pour compagnie la belle
« D^lle de Villeneuve, la Jacobine, la D^lle Desgranges,
« Mlle Constance et Mlle Simon qui a été autrefois maîtresse
« de M. du Harlay, mais je n'ai pas pu savoir qui les a
« menées à ces messieurs. Le 4 février, même année,
« à 9 heures, sont venus M. de Francœur et M. Bridor
« auxquels j'ai donné une fille pour aller souper avec
« MM. Mondorge et Bertin à Pincourt » (1).

L'état des petites maisons dressé par l'inspecteur Marais
mentionne les habitations suivantes :

« Novembre 1752. Petite maison rue Popincourt, n° 12,
« où M. le marquis de Pignatelli et la Morel, danseuse à
« l'Opéra-Comique font des soupers » (2).

Le gentilhomme qui soupait ainsi avec des danseuses
était Casimir d'Egmont-Pignatelli, successivement marquis
de Renti, duc de Bisaccia, marquis de Pignatelli, devint grand
d'Espagne en 1753 ; sa femme, Blanche-Alphonsine d'Aragon,
mourut le 20 janvier 1753. Il se remaria avec Sophie-Jeanne
de Richelieu le 10 février 1756 (3).

—— « Février 1754. Petite maison à Pincourt occupée
« par M. de Saumeuxy, le marquis de la Grange et M. de
« Fenouil qui y soupent avec la D^lle Dufeu de l'Opéra-Comique
« et la Flamande de la Hecquet » (4).

—— Le comte Fodoas avait également choisi la rue de
Popincourt pour ourdir ses intrigues plutôt d'intérêt que
de passion. Un rapport nous présente ce seigneur sous
un jour plutôt défavorable :

« Mme la comtesse de Schinfeldt, âgée de près de 50 ans et
« décorée de l'ordre de Marie-Thérèse, demeurant à Paris

---

(1) Arsenal. Arch. de la Bast., 10,253.
(2) Arsenal. Arch. de la Bast., 10,252. Etat des petites maisons.
(3) Journal de Barbier, 1866, in-8, IV, p. 138 (note).
(4) Arsenal. Arch. de la B., 10,252. Etat des petites maisons.

« depuis quelques années, a pris depuis peu pour M. le
« comte de Faudoise (sic), les sentiments les plus tendres ; il
« est vrai que cet homme est de la figure la plus intéressante
« du monde ; mais sa façon de penser qu'il ne prend pas la
« peine de cacher devrait corriger toute femme censée de
« prendre goût pour lui. Il se fait un devoir de ruiner une
« femme qui s'attache à lui. La vieille princesse de Nassau
« qu'il avait avant cette dame en a fait la cruelle expé-
« rience ; encore prétend-il en avoir été escroqué malgré
« qu'il lui ait coûté plus de 30,000 liv. en très peu de temps.
« Dernièrement j'étais dans une maison où il faisait tous les
« détails de sa bonne fortune avec Mme de Schinfeldt, mais
« prétendait la mener bien plus loin que la princesse de Nassau,
« et que toutes ces vieilles folles ne pouvaient pas trop payer
« ses complaisances. Ce comte de Faudoise était ancienne-
« ment capitaine de cavalerie. Il est chevalier de saint Louis
« et peut être âgé de 40 ans. Il demeure rue Mazarine » (1).

—— Un personnage important vint également dans la
la rue Popincourt pour abriter ses amours. Le digne fils du
duc de Richelieu, le fameux duc de Fronsac (2) attirait dans
ce quartier la jeunesse tapageuse faisant chorus avec Curis
et Bertin.

Le 24 février 1762 ce seigneur offre à souper à nombre de
ses amis dans cette petite maison où les attendaient déjà
les D^lles Parmentier et Leclerc qui furent, paraît-il, très bien
payées (3).

Le 22 avril l'assistance est renforcée par de grands personnages, le prince Xavier et le prince Potocki ; en femmes, la
D^lle Théophile de chez La Varenne était de la fête ; jusqu'à
4 heures du matin ils firent des horreurs à leur ordinaire.

Une autre fois c'est une partie carrée avec le marquis de
Conflans ayant pour vis-à-vis les D^lles l'Etoile et Dangeville de

(1) Journal des inspecteurs de M. de Sartines, 1863, in-8, p. 287.
(2) Louis-Antoine-Sophie de Vignerod Duplessis-Richelieu, duc de Fronsac, fils unique du duc.
(3) B. N. MSS. fr., 11,358, p. 653. Rapports de police.

chez la Hecquet. Peu après la partie est double, on y voit outre l'amphitryon, M. le duc de Coigny, son frère et deux autres seigneurs avec les D^lles Victoire, Elmire et l'Allemande. Sept jours plus tard on y retrouve les mêmes seigneurs, mais les femmes sont changées ; ce sont les D^lles Rozan et Durfé (1). Le mois suivant, « le duc de Fronsac, las apparemment de faire des soupers dans sa petite maison avec des filles de débauche, s'est emparé totalement de la D^lle Dubois, de la Comédie-Française. C'est lui lorsque cette demoiselle a débuté dans le monde, qui lui a fait connaître le premier la route de Cythère. Il ne néglige pas pour cela la D^lle Arnould ; mais ce qu'il y a de fort singulier, c'est que l'une de ces deux demoiselles est pourvue d'une très bonne galanterie. Le fait n'est pas encore bien éclairci ; on désirerait fort que ce fut la D^lle Arnould qui en fut la distributrice. Cela deviendrait fâcheux pour le souverain du Temple. » (2) Il faut croire qu'il n'en était rien, car huit jours après on rendait compte au lieutenant général de police qu'il courtisait assidûment Mme Miton de Senneville que le prince de Marsan avait alors pour maîtresse. Ce seigneur en eut beaucoup d'inquiétude à tort, car elle refusait constamment sa porte au duc de Fronsac ; et le rédacteur ajoute : « Il faut croire que « cette dame a reconnu dans le prince de Marsan des talents « qui la dédommagent de sa figure, car, en vérité, sans être « méchant, on est forcé d'avouer qu'il ne l'a pas fort ragoû- « tante, et M. le duc de Fronsac l'a au contraire très jolie ; il « est peut être plns indiscret » (3).

A la fin de l'été les soupers reprennent de nouveau dans la rue Popincourt et le 10 septembre 1763 ce sont M. le marquis de Séran et le comte de Senneterre qui viennent s'asseoir à la table joyeuse du duc de Fronsac qui avait eu soin d'y faire figurer le beau sexe sous les formes de Mlles Deschamps et Senneterre » (4). Soudain la maison si bruyante devient dis-

---

(1) B. N. MSS. fr., 11,359, p. 13-22-29.
(2) Le prince de Conti. Larchey. Journal des inspecteurs de M. de Sartines, 1863, in-8, p. 246-249.
(3) B. N. MSS. fr., 1359, p. 205. Rapports de police.

crète et reçoit des visites mystérieuses ; le duc de Fronsac a enfin trouvé le secret de plaire à une femme sérieuse, Mme la présidente de Boulainvilliers, les fameux rapports disent à la date du 14 octobre 1763 :

« C'est lui qui est aujourd'hui l'amant favorisé et cette « dame a la complaisance de se rendre deux ou trois fois par « semaine à la petite maison de ce jeune seigneur sise rue de « Pincourt ; il doit revenir dimanche prochain de Fontaine-« bleau pour la voir » (1).

Le duc de Fronsac se maria le 25 février 1764 avec Adélaïde-Gabrielle de Hautefort, ce qui ne l'empêcha pas de continuer la vie de libertinage qu'il menait depuis sa jeunesse, rivalisant avec son père qu'il détestait au point de répondre au roi lui demandant de ses nouvelles : « Hélas ! sire, mon père « n'est plus qu'un vieux bouquin relié en veau et doré sur « tranche. »

—— Pendant que ces choses se passaient chez le duc de Fronsac, rue Popincourt, un grave magistrat devint son voisin, le président en la Chambre des Comptes, Charles-Victor de Salaberry qui, trouvant sa demeure familiale de la rue Sainte-Anne trop austère vint dans le quartier Saint-Antoine y cacher ses excès, tout en faisant des parties dans la maison de Brissaut rue Française, lequel tenait une académie de filles. Et quand il voulait le tête-à-tête il amenait souper la D^{lle} Maisonville à sa petite maison de la rue Popincourt » (2).

—— Quelques fois il rendait visite à son ami M. de Morfontaine, maître des Requêtes, possédant aussi un videbouteilles dans la même rue, chez lequel la D^{lle} Leblanc venait gagner ses quinze louis par mois, en ayant soin de se faire payer d'avance, le monsieur étant connu pour n'être pas fort exact dans ses promesses ; puis c'est la D^{lle} Saint-Lô prenant le 28 mai 1762 des arrangements avec lui, à raison de quinze louis également par mois sous la condition qu'elle irait le voir trois fois par semaine (3), et le 12 février

(1) B. N. MSS. fr.. 11,359, p. 225.
(2) B. N. MSS. fr., 11,359, p. 495.
(3) Journal des inspecteurs de M. de Sartines, 1863, in-12, p. 86, 133.

1764 M. Lepelletier de Morfontaine donnait « à souper à sa
« petite maison à Pincourt à M. le président de Salaberry,
« M. de Romey père de Mme de Montregard et à un exempt
« des gardes du corps dont on ignore le nom, avec les
« D^lles Dufort sœurs » (1).

—— Dans cette même rue, M. de Saint-Laurent avait son
pied à terre pour y faire maints petits soupers.

« 24 décembre 1764. Les D^lles Saimsalle et Clarice de
« chez la Hecquet ont été souper avec M. le procureur du
« roi à sa petite maison rue de Popincourt où il s'est trouvé
« aussi plusieurs de ses amis.

« 29 novembre 1765. M. le procureur du roi et M. Paulmy
« ont soupé et dîné rue de Popincourt à la petite maison de
« M. de Saint-Laurent avec les D^lles Grecourt et Deglazières.

« 7 mai 1766. M. de Paulmy et trois de ses amis ont
« soupé rue de Pincourt à la petite maison de M. de Saint-
« Laurent avec les D^lles de Lorgevois et Bernady » (2).

M. de Saint-Laurent avait fait inscrire sur la porte de cette
maison l'inscription italienne :

Son' piccola ma garbata
Je suis petite mais jolie.

Ce riche et voluptueux célibataire prêta sa demeure au
sieur Guibert de Préval, médecin de la Faculté de Paris qui
prétendait avoir trouvé un remède sûr avec lequel on pouvait sans crainte se livrer aux embrassements amoureux avec
quelques personnes que ce soit, en un mot il avait trouvé un
préservatif contre la syphilis (3). En 1771, dans cette maison,
en présence de M. le duc de Chartres et de M. le prince de
Condé, il se fit présenter une fille publique la plus hideuse-
ment affectée du mal immonde, et « s'étant comme les
« anciens lutteurs frotté de son huile miraculeuse, il s'est

---

(1) B. N. MSS. fr., 11,359, p, 298. Rapports de police.
(2) B. N. MSS. fr., 11,359, p. 591, 811 11,360, p. 87. Rapp, de police.
(3) Mém. du xviiie, par Lefebvre de Bauvray, B. N. MSS, fr., 10,364,
IIe partie, p. 222, verso.

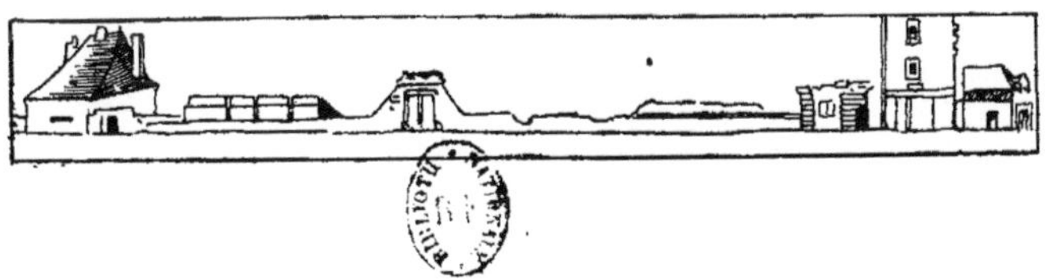

1. — La Folie Rambouillet au xviie Siècle.

2. — Ce qu'il en reste aujourd'hui.

3. — Ce qu'il en restait au commencement du xixe Siècle.

« livré à plusieurs reprises aux actes les plus voluptueux et
« les plus lascifs que la passion puisse suggérer. Il sortit sain
« et sauf de ce combat valeureux et a prétendu n'avoir
« éprouvé depuis aucune suite funeste. M. le lieutenant de
« police qui regarde cette découverte comme très utile à
« son administration, a ordonné aussi des essais qui ont
« réussi » (1).

Le mois suivant il réitéra son expérience devant le chirurgien de M. le comte de la Marche. Cet esculape lui avait
choisi une fille « gangrenée de la peste vérolique jusque dans
« moëlle des os. M. Guibert de Préval se soumit pendant
« neuf jours à la visite du chirurgien en question qui ne
« trouva rien et fit son rapport en conséquence à D. A. S. » (2).

Inquiète de ces expériences, la Faculté ordonna que Guibert de Préval serait rayé du tableau, prétextant qu'une telle
prostitution publique d'un de ses membres était déshono-
rante et infâme. Guibert protesta vivement et intenta un inter-
minable procès (3). Ce remède dont on parlait tant n'avait sans
doute d'effet que sur son inventeur et le fils du duc de Duras
après s'être oint de ce baume anti-vénérien, crut pouvoir se
livrer à tout ce que la débauche la plus crapuleuse peut ins-
pirer, mais il en fut amèrement puni et le recours aux remèdes
curatifs contre cette maladie se fit bientôt sentir (4). Guilbert
de Préval lutta jusqu'en 1776 contre la coalition des savants
et a laissé nombre de mémoires et factums ; quant au sieur
de Saint-Laurent il ne fut nullement inquiété, son nom ne se
trouve même pas sur les mémoires, et si un de ses voisins,
Lefebvre de Beauvray, avocat au Parlement, qui demeurait
tout près ne l'avait consigné dans son journal, on ne saurait
l'endroit où cette expérience a été faite.

—— Une autre voisine de Bauvray était la dame Fleury.
Cette personne avait commencé par chercher fortune,
on la voit le 21 février 1766 quitter M. Dumetz, maré-

(1) Mémoires secrets, tome V, p. 296 (6 mai 17771).
(2)   —   —   tome V, p. 307 (10 juin 1771).
(3)   —   —   1772. Déc. 21, tome VI.
(4)   —   —   1773. Sept. 9, tome VII.

chal de camp qui l'entretenait pour prendre M. Childer, livonien, qui lui offre 50 louis par mois « et lui a fait présent « d'une très belle montre le premier jour des noces. En « considération de cette aubaine que lui a procuré le sieur « Toquiny avec qui elle a vécue, elle guerluchonne avec lui « en place du sieur Sabatier qu'elle a expulsé » (1).

Elle fut aussi la maîtresse du prince de Nassau et on prétend qu'elle eut un enfant de lui ; elle débuta à la Comédie, voulant avoir une carrière artistique et aspirant au désir de devenir une rivale de la Clairon ou de la Gaussin, c'est là qu'elle reçut le surnom de la Belle ou la Bête. M\u1d49\u02e2\u02e3 Fleury était, paraît-il, digne de ces deux appellations, elle avait alors pour amant le chevalier de la Morlière très connu par ses aventures et ses escroqueries, elle parut sur la scène en octobre 1768, son succès fut très médiocre on ne remarqua que sa belle tête, mais un peu trop grosse de corps et pas assez jeune pour avoir l'espoir de faire honneur à son initiateur (2). Elle eut successivement beaucoup d'amants, gens de fortune ou de condition, qui la payèrent très bien ; enfin, avec l'âge elle essaya de réparer des ans l'irréparable outrage. Hélas ! la scène changea et elle se vit forcée de se payer des amants à bons deniers comptant, entre autres l'intendant du comte d'Artois, le sieur Piron, depuis attaché à M. le duc d'Orléans ; M. de Blessac, ancien officier au régiment des gardes françaises. Malgré tout elle gardait encore sa dignité et avait sa loge à l'Opéra en 1778, figurant au rang des abonnés pour une demi loge de six places (3). Après avoir beaucoup aimé, il ne lui fut pas pardonné ; vers l'âge de 45 ans, arrivée au moment critique, elle fut privée de la vue par suite de cette révolution si fréquente aux femmes, sa prodigalité avec ses jeunes amants avait fait dire à son voisin de la rue Popincourt : ce qui vient de la flûte retourne au tambour (4).

<hr>

(1) B. N. MSS., 11,360, p. 35.

(2) Mémoires secrets, tome IV, 1768 ; avril 28, tome XIX, addit. Oct. 16, déc. 24, tome VI, 1772, nov. 21.

(3) Vic\u1d57\u02e2 de Grouchy. Les abonnés de l'Opéra. Bulletin de la Société de l'histoire de Paris, 1891, p. 149.

(4) B. N. MSS. fr. Mém. du xviii\u1d49, 10,364, II\u1d49 partie, p. 267.

27

RUE DES AMANDIERS

Nous trouvons dans cette rue la petite maison du comte de Chabot, Mme de Genlis prétendait qu'il était impossible d'avoir plus d'esprit et plus de séduction que ce jeune gentilhomme, quoiqu'après elle ajoutait : « 'il n'est pas beau, « il bégaie et est toujours distrait ou silencieux ; dans un « cercle, il ne parle jamais que tout bas » (1).

Toutefois cela n'empêchait pas M. le comte de Chabot de vivre joyeusement et d'emmener souper et coucher à sa petite maison le 27 avril 1764, la D^lle Julie qui, sans doute, eut le don de lui plaire pour y retourner le 29. Cette jeune personne quoique très jolie roulait pourtant les soupers depuis deux ou trois ans, elle était fournie par la procureuse attitrée de ces messieurs, la Hecquet.

La maison était obligeamment prêtée par M. de Chabot à ses amis embarrassés de trouver un abri pour cacher leurs amours et plus d'une fois le prince de Chimay y coucha avec la D^lle Grécourt moins connue sur le marché. Le jeune duc de Biron y laissa aussi ses plumes, grâce à M. de Chabot ayant pris à tâche de le dégourdir, ce fut là qu'il perdit ses illusions avec Mlles Fornie et Saimsalle, fournies par la Brissaut (2).

——— A l'ancien n° 28 on retrouvait encore les restes de la Folie-Genlis au bout d'une avenue peu fastueuse. Au portail on remarquait, attachés au mur les bas-reliefs en plâtre de la statue équestre de la place des Victoires ; le fondeur Charbonneau eut là ses ateliers et a laissé également à la porte du jardin deux lions coulés en même temps que Louis XIV. Ce numéro comportait encore en 1850 l'ancien pavillon du jardinier érigé en maison bourgeoise et flanqué d'une loge, ancienne salle de bain, pavillon entouré de plantations agréables. L'intérieur du bâtiment donnant sur la rue était antérieur de l'occupation de M. de Genlis et n'avait pas été fait pour être le théâtre de ses galanteries. Moreau, secré-

(1) Mme de Genlis. Mém. IV, p. 343.
(2) B. N. MSS. fr., 11, 359, p. 347, 705, 809. Rapports de police.

taire du roi en était propriétaire au milieu du xviiie siècle, puis le prince de Carignan y vint faire des parties avant la gouvernante des ducs d'Orléans, c'est lui qui fit enrichir cette petite maison de sculptures et de peintures merveilleuses. Un petit temple grec orné de statues figurait dans ses dépendances, il y avait aussi un parloir en glaces dont l'entrée était défendue par un guerrier armé d'une lance qui, mû par un ressort présentait les honneurs aux invités, Mme de Genlis y avait établi ses menus plaisirs et elle recevait rue des Amandiers le comte de Tressan, le chevalier Gluck, Buffon et quantité de gens de lettres (1).

Parfois il fallait aller chercher Mme de Genlis jusque dans la retraite des religieuses de la Roquette, endroit où il lui venait les plus bizarres idées en tête. Une nuit elle s'échappa de sa cellule et s'introduisit dans celle des plus vieilles religieuses endormies qui, le lendemain matin en s'éveillant, vinrent à matines fardées avec du rouge et des mouches sur les joues (2). Pendant que M. de Genlis, marié un an avant couchait journellement avec la D^{lle} Alexandrine, dit-on, ayant le malheur de tomber du haut-mal, il avait cependant encore une autre attache avec la D^{lle} Balagny qu'il avait jadis enlevé, mais cette demoiselle de très jolie figure fut atteinte de la petite vérole et cette maladie la changea au point de la rendre méconnaissable. M. de Genlis la fit soigner avec attention, mais à son rétablissement le cœur ne lui dit plus rien pour elle. Il dissimula pourtant quelque temps et diminua ses visites ; enfin, pour rompre tout à fait, il lui envoya son portrait et 1,200 liv. de rente viagère (3).

Dans cette Folie de la rue des Amandiers, la chronique scandaleuse raconte que Mme de Genlis amenait les princes d'Orléans, alors à peine adolescents pendant leurs jours de congé et, en hôtesse obligeante, elle les faisait pénétrer chez les nonnes du couvent voisin ; ce qui a bien regarder ne devait pas déroger de son devoir de bonne gouvernante

(1) Lefeuve. Les anciennes maisons de Paris, 1860. A. I, p. 337.
(2) Lefeuve, tome I, p. 337.
(3) Journal des inspecteurs de M. de Sartines, 1863, p. 62-280-298.

devant les initier à toutes les choses de la vie. Avant que cette maison devint la propriété de commerçants, le marquis de Senety l'occupa quelque temps (1).

—— Dans la rue des Amandiers se retira M. le marquis de Vignolles avec une demoiselle Tery qui la garda comme son épouse près de trente années ; il mourut dans cette maison vers 1786 et on ne trouva aucun papier, ni trace de titre, ni contrat de mariage, la susdite demoiselle avait eu le temps de faire sa pelote et se retira avec une centaine de mille livres dans la rue Saint-Maur où elle vécut avec un abbé qui sans doute lui mangea ce qu'elle avait mis tant de temps à amasser (2).

—— M. le duc d'Olonne fit aussi son principal domicile d'une petite maison de la rue des Amandiers. En janvier 1750 il y fit porter tous les meubles qui se trouvaient dans son hotel, à Paris et vint s'y enfermer avec une danseuse de l'Opéra, la D^lle Amédée pour qui il fit tant de folies que sa famille dut le faire exiler dans une de ses terres en Normandie (3).

RUE DE REUILLY

En remontant dans la rue de Reuilly on trouvait la petite maison du marquis de Duras qui eut plusieurs de ces retraites et que nous retrouverons dans différents quartiers ; toutefois, il recevait là les D^lles Fontenay et Lucile dans des soupers intimes où figuraient son frère le comte de Duras et des amis (4).

Le 13 mai 1773 on rend compte que la D^lle Noyan que M. le marquis de Duras avait mis dans sa petite maison à la barrière de Reuilly s'est échappée, parce qu'elle s'est aperçue qu'elle servait de couverture à la passion que ce jeune seigneur conservait pour la Beauvoisin entretenue par M. Douet

(1) Lefeuve. Les anciennes maisons de Paris, 1858, in-8, I, p, 337.
(2) B. N. MSS. fr., 10,364. Mém. du xviiie, IIIe partie, page 122.
(3) Arsenal, Arch. de la B, 10,235.
(4) B. N. MSS. fr., 11,359, p. 100. C'étaient les deux fils du maréchal duc de Duras qui lui-même fréquentait aussi les filles.

de la Boullaye, maître des Requêtes, et qu'en outre elle mourait pour ainsi dire de faim. La D^lle Noyan assure que la D^lle Beauvoisin y vient très fréquemment et que toutes les ressources d'argent sont pour elle, qu'ils s'aiment toujours à la fureur et qu'ils n'attendent qu'un temps plus heureux pour se voir sans contrainte (1,.

Ce fut le marquis de Rochechouart qui se chargea de la D^lle Noyan et lui donna 15 louis par mois sans prétendre la gêner (2). Le marquis de Duras se formalisa peu, fréquenta la Nautrelle où il ressentit l'effet des charmes de la D^lle Rataillon et lui fit un déluge de propositions, car il s'allumait de suite, la procureuse fut aveuglée par ce flux de paroles et cette demoiselle lui échut, il l'emmena dans sa petite maison rue de Reuilly (3).

—— Tout en haut du faubourg, à *Bel-Air*, le comte d'Artois, qui depuis devint Charles X, avait en 1781 fait acquisition d'une petite maison dont voici la teneur du bail :

« Bail d'une maison sise à la porte de Saint-Mandé, dite
« du Bel-Air, dépendant du gouvernement de Vincennes.

« 11 décembre 1781. Expédition en papier passé devant
« l'Homme, notaire au Châtelet de Paris, portant bail par
« M. le marquis de Voyer d'Argenson, gouverneur de Vin-
« cennes, pour neuf années consécutives à commencer du
« 11 novembre dernier à Monseigneur le comte d'Artois,
« d'une maison sise à la porte de Saint-Mandé, dite du Bel-
« Air, moyennant 1,200 liv. par an. Ce bail a été com-
« mencé le 11 novembre 1781 pour neuf années consécutives
« qui finiront le 11 novembre 1790.

« Si Monseigneur n'a eu en vue que de s'assurer la jouis-
« sance de cette maison pour trois années, elle est toute
« assurée par le bail convenu. Il y a un jardin attenant à
« cette maison loué 400 liv. à un particulier si S. A. S.
« désirait réunir à la location le jardin en question à la fin

---

(1) B. N. MSS. fr., 11,359, p. 107.
(2) Journal des inspecteurs de M. de Sartines, 1863, in-12, p. 279.
(3) B. N. MSS. fr., 11,359, p. 278.

« du bail courant, Monseigneur voudra bien le marquer et je
« le ferai comprendre au nouveau bail » (1).

Le jardin fut acquis par le comte d'Artois le 27 mars 1788.
Dans cette petite maison on dut faire et souvent manger les
ris de veau à la d'Artois que le prince, fin gourmet, avait créé
et mis à la mode (2). Du reste, il fut sous le règne de
Louis XVI le roi de cette noblesse désœuvrée et libertine qui
vivait à la cour de gaspillage, il était le favori de cette cour
inconstante dont la frivolité ne semblait pas se douter qu'une
grande révolution était proche, il en était l'âme, la vie.
Marié à 16 ans, on conçoit son besoin d'aventures ; il eut des
maîtresses dans tous les mondes, depuis la Guimard et la
Duthé jusqu'au faîte de la cour ; on prétend même qu'il prenait part aux ébats de Mme de Polignac et de Marie-Antoinette.
Il avait sa petite maison reconnue à Bagatelle ; alors pourquoi cette autre presque mystérieuse au Bel-Air, en haut du
faubourg Saint-Antoine qu'il garde jusqu'en 1790 ? Certainement ses murs durent entendre les serments d'amour qu'il
prodiguait à la belle Mme de Polastron dont l'ascendant sur
l'âme légère de ce prince devait survivre aux évènements
révolutionnaires.

FAUBOURG DU TEMPLE

En décembre 1763 la D^lle Dupont, dite Verrière, jeune,
jolie, très bonne musicienne et ayant une très belle voix,
avait sa maison barrière du Temple ; connue depuis
quelques années pour être la maîtresse favorite du duc
de Grammont, elle aimait pourtant à la fureur un jeune
homme employé au bureau des vivres nommé Pillain.
Le duc se doutait bien de cette intrigue, car il dit à
cette demoiselle que s'il rencontrait Pillain chez elle il le
ferait sauter par la fenêtre après lui avoir fait donner deux
cents coups de bâton, mais malgré ces représentations

(1) Archives nationales. Q. 1, 1089.
(2) Nicolardot. Histoire de la table, 1868, in-12, p. 393.

vigoureuses les deux amants trouvèrent le moyen et l'occasion de se voir tranquillement (1).

—— « Octobre 1754. Petite maison à la Courtille
« d'abord occupée par le sieur Richard, ensuite par la
« D^lle Eléonore qui a été maîtresse du marquis de Breteuil et
« est présentement au sieur de Soissy, fils du receveur géné-
« ral des finances de Metz (2) qui va aussi chez les D^lles Mor-
« fis. »

—— « Juillet 1749. Petite maison sur la hauteur de
« Belleville appartenant au sieur Monce, tenant l'hôtel
« de Londres, rue Dauphine, à présent vacante » (3).

—— « La D^lle Villeneuve, dite la Jacobine, cy-devant
« entretenue par le chevalier de Livry, frère du mar-
« quis, vient de se donner entière au baron de Wangen,
« brigadier des armées du roi et s'est allé renfermer avec lui
« dans une petite maison à l'entrée de la Villette qu'ils
« louent 600 liv. par an. Cette demoiselle a néanmoins
« conservé son appartement rue Saint-Nicaise. » Cette note
est du 21 juin 1752, le 5 décembre suivant elle était toujours
avec le baron de Wangen, dans la petite maison de *Belleville*,
le brigadier fort peu fortuné n'enrichissait pas la Jacobine
et l'année qui vint la vit chercher des parties de détail pour
pouvoir subsister (4).

—— La D^lle Richard entretenue par M. Barbet de
Glatigny, tenait une petite maison à la barrière de la
Courtille, près le boulevard appartenant au sieur Marie,
sculpteur, demeurant rue de Saintonge, moyennant 100 pistoles par an. Elle quitta ce logis le 12 septembre 1754 pour
aller demeurer rue de Cléry (5).

---

(1) B. N. MSS. fr., 11,359, p. 256. Rapport de Marais.

(2) De Soissy fils, receveur général des pays d'Etat, Metz, en survivance de son père. (Almanach royal, 1754),

(3) Etat des petites maisons qu'aura à surveiller le sieur Marais. B. de l'Arsenal, arch. de la Bastille, 10,252.

(4) Arsenal. Arch. de la Bast., 10,238, p. 580-582. Rapports de Meusnier.

(5)   —   —   10,241, p. 201.

Partie Galante

—— A la seconde barrière du Temple demeurait de 1751 à 1754 la D^lle Lalande dans une petite maison à porte cochère dont elle occupait le premier étage (1).

LES REMPARTS

RUE AMELOT

—— Entre la rue Oberkampf et le passage Saint-Pierre se trouvait l'hôtel de la baronne de Vaxheim qui fut longtemps la maîtresse de M. le duc de Villeroy, lorsque celui-ci lassé des D^lles Marquis et Montalet cherchait à se faire un séjour agréable ; elle demeurait alors rue Meslay, c'était une très jolie femme pourvue d'un mari si peu regardant qu'il l'avait livrée au marquis de Prie, depuis elle continua et obtint une certaine notoriété dans la galanterie. Le duc de Villeroy ne lui suffisant pas, elle entretint des relations avec un M. de Cramayel se faisant remarquer dans sa loge à l'Opéra, puis M. de Launay, officier aux gardes, prit sa place et la voyait tous les soirs à la foire Saint-Ovide en 1759 (2). La baronne de Vaxheim resta longtemps dans l'hôtel de la rue Amelot dont les jardins s'étendaient jusqu'à la rue de Popincourt, donnant aussi sur les rues de Ménilmontant (aujourd'hui rue Oberkampf), la maison comptait 24^m30 de façade et se trouve mentionnée à l'enregistrement jusqu'en 1783 comme appartenant à la baronne de Washeim (3).

RUE DU PONT-AUX-CHOUX

Le duc de Grammont possédait en 1761 une petite maison rue du Pont-aux-Choux où nombre de soupers s'y consommaient le plus joyeusement possible. Antoine-Antonin de Grammont, souverain de Bidache, gouverneur de Navarre, né le 19 avril 1722, venait de contracter un mariage avec Mme de Choiseul, alliance ainsi

(1) Arsenal. Arch. de la Bast., 10,248.
(2) B. N. MSS. fr., 11,357, p. 26-58, 11,360, p. 163. Rapports de Marais.
(3) Archives de l'enregistrement, Ancien sommier foncier.

appréciée par Lauzun. « Elle jeta les yeux sur le duc de Grammont, homme sans caractère, sans moyen de rien faire, interdit depuis quelques années et passant sa vie dans une petite maison près Paris, avec des musiciens et des filles publiques les moins recherchés » (1).

La petite maison dont il est question se trouvait rue de Clichy et le duc de Grammont la rendit célèbre dans les fastes du monde galant et viveur de l'époque, nous la retrouverons du reste dans ce quartier. Quant au Pont-aux-Choux ç'en était une petite succursale où l'on y voyait passer les D^{lles} Dangeville et Parmentier.

FAUBOURG SAINT-LAZARE

— Les D^{lles} Ramont et La Vérité menaient une telle vie dans leur petite maison située faubourg Saint-Lazare (aujourd'hui faubourg Saint-Denis) qu'elles scandalisèrent les voisins et que le lieutenant-général de police reçut cette plainte :

Monsieur Mainville,
lieutenant général de police,

« C'est avec une véritable douleur que je me trouve obligé de vous instruire de la conduite scandaleuse et impie des D^{lles} Ramont et La Vérité, actrices à l'Opéra-Comique. Lesquelles demeurent faubourg Saint-Lazare du côté de la foire, attenant une maison où pend pour enseigne : la Grâce de Dieu.

« On m'a averti qu'elles reçoivent dans leur habitation plusieurs jeunes gens qu'elles débauchent et sucent jusqu'aux os, avec lesquels elles vivent en mauvais commerce et se livrent à des débauches qui outragent également la religion et les bienséances de l'honnêteté publique. Plusieurs personnes les ont vu se promener dans leur jardin en chemise, et par un bizarre plaisir que cherche la passion la plus brutale, les unes et les autres avaient le derrière de leur chemise

(1) Journal des inspecteurs de Sartines, 1863, in-8, p. 65. Mém. de Lauzun, p. 6.

levé et attaché sur leurs épaules avec des épingles ; mais ce qui fait horreur, on a aperçu une d'elles le jour du vendredi saint monter sur le puits couvert du jardin, étant seulement en chemise et un crucifix à la main, affecter de contrefaire le père Duplessis, jésuite, qui nous montre le crucifix à la fin de la Passion. Il y a un homme nommé Dezaigre-Suisseu, marbrier, qu'elles débauchent et ruinent.

« Je laisse à votre sagesse et à votre prudence de faire examiner de près la conduite de ces malheureuses et de prendre les mesures les plus efficaces pour faire cesser ces impiétés et ces scandales. Je satisfais à mon devoir en vous donnant avis, à mon inclination et à mon cœur en vous assurant du sincère dévouement et du profond respect avec lequel j'ai l'honneur d'être, Monsieur, votre très humble et très obéissant serviteur.

Ce 29 mai 1745.   Signature illisible (1).

BOULEVARD POISSONNIÈRE

La Beaudoin reçut le 30 octobre 1752 une lettre de M. de Montmorin, lieutenant général des armées du roi et gouverneur de Fontainebleau, pour la prier de lui chercher une maîtresse, car il se trouvait veuf de la fille d'un procureur qu'elle lui avait donné. La Beaudoin conduisit donc le 10 novembre la D^{lle} Rozière dans sa petite maison sur les boulevards, entre la rue Poissonnière et la rue Montmartre. La jeune personne était âgée de 19 ans, taille de cinq pieds, visage ovale, jolie, de belles dents, cheveux chatains bruns, les yeux de même, assez blanche, peu de gorge, mais bien faite.

« Le marquis de Montmorin l'ayant trouvée de son goût
« lui a fait plusieurs questions sur l'état de sa santé qu'elle
« a d'abord dit être bonne, et ensuite qu'elle croyait avoir
« des fleurs (sic) blanches ; cela a déterminé le marquis à
« envoyer chercher un chirurgien, par qui elle a été visitée

(1) Arsenal. Arch. de la Bast., 10,237.

« et qui a caractérisé ces prétendues fleurs blanches d'une
« gonorée ; malgré ces incidents, il l'a retenue chez lui où il
« la fait traiter et lui donne 300 liv. par mois. »

Le marquis de Montmorin ne tarda pas à remplacer cette
fille par la D^lle Prouvé, dite Dassigny, sortant de l'hôpital, et
après lui avoir acheté de quoi se vêtir il la conduisit le lendemain à sa petite maison sur les boulevards, lui donna une
fille de chambre et 300 liv. par mois.

Le volage marquis lui fait succéder aussitôt la D^lle Saint-
Sire, après avoir payé ses dettes lui fit présent d'une robe de
satin ; mais lorsqu'on lui eu raconté les traits de prostitution de
cette fille, il en fut vite dégoûté et envoie son fils chez la
Beaudouin pour lui conter cette aventure et la prier de lui
procurer une autre maîtresse. Le père et le fils se parta-
geaient la petite maison et peut-être aussi les filles qui y
fréquentaient (1).

FAUBOURG MONTMARTRE

RUE CADET

Le duc de Richelieu louait en 1726 une petite maison
« rue Cadet, cote B. n° 6, appartenant au sieur Charpentier » ;
dans cette retraite, il y menait ses premières conquêtes
avant de faire construire son pavillon de la rue de Clichy (2).

—— « Juin 1749. Petite maison, rue Cadet, près la barrière
« des Porcherons, louée par le marquis de Paulmy, depuis
« par le comte de Suze, ensuite par le duc de Chartres. En
« avril 1754, la maison porte le n° 3 et est occupée par M. le duc
« d'Orléans qui y fait des soupers avec le marquis Destros,
« le prince de Monaco, M. de Voyer, le marquis de Livry,
« M. de Ségur, M. Blot et des filles.

« Février 1755. Petite maison aux Porcherons, n° 3, qui
« vient d'être cédée par M. le duc d'Orléans au comte de
« Frise » (3).

---

(1) Arsenal. Arch. de la B. Rapp. de Durocher sur la Beaudoin, 10,252.
(2) Arsenal. Arch. de la B., 10,252. Etat des petites maisons galantes.
(3) Louis-Philippe, *duc d'Orléans*, né le 12 mai 1725, porta le titre de *duc de Chartres* jusqu'à la mort de son père en 1752.

La maison dont nous voyons une succession de locataires aux noms pompeux était louée au commissaire Dalby 600 liv. par an. Elle était charmante et tapissée de façon que l'intérieur n'exigeait presque pas de meubles. Le jardin très étendu avec des berceaux ombreux des deux côtés se terminait par un petit bois de haute futaie. Les remises, écuries étaient spacieuses; en somme, c'était une petite maison tout à fait confortable.

La Dlle La Ferté vint l'habiter lorsqu'elle était tenue à loyer par M. de Voyer qui en céda le bail à M. le comte de Frise paraissant en être le principal locataire, bien qu'on assurait qu'il cachait le nom du duc de Chartres pour qui il opérait.

La Dlle La Ferté recevait là M. de Voyer et M. de Saint-Florentin, pendant que son mari par la protection de M. de Saint-Florentin avait été relégué dans ses terres. Un jour il revint subitement et ne cessa de faire du tapage dans la rue Cadet, heurtant la porte close jusqu'à la forcer; entré dans la demeure il parcourt les appartements, cherchant sa femme qui ne l'avait pas attendu pour fuir par le jardin et se retirer au couvent de l'abbaye Saint-Antoine.

Le comte de Saint-Florentin la débarrassa de nouveau de ce mari gênant qui pourtant, bien que loin de Paris, demanda toujours a la faire enfermer dans un couvent à ses frais.

Après ses relations avec M. de Voyer, la Dlle La Ferté revint souvent rue Cadet pour y souper en compagnie de MM. de Ribérac, Titon, doyen de la 5e des enquêtes et le comte de Frise (1).

—— 5 octobre 1764. Plus haut, dans la même rue, près la Nouvelle-France, le prince de Limbourg occupait une petite maison fréquentée par la Dlle Siam, figurante à l'Opéra, qu'il avait pour maîtresse depuis plusieurs années, « mais un « jour piqué de la préférence qu'elle a paru donner le jour « de sa fête à milord Wilmann. Ce prince lui avait fait pré- « sent de 4,000 liv. de diamants, elle a eu l'air de les « sacrifier à l'Anglais et a eu la maladresse avant de s'en

(1) Arsenal. Arch. de la B., 10,243. Rapp. de Meunier, p. 103-106.

« être parée de les aller vendre chez le même joaillier qui
« les avait livré. Le prince en a été aussitôt instruit, et piqué
« jusqu'au vif il a fait vendre sur-le-champ le carrosse et les
« chevaux qu'il lui avait abandonné depuis son retour en
« France, lui a envoyé l'argent et lui a fait dire de ne plus
« penser à lui. La D¹ˡᵉ Siam a été accablée de ce coup, elle a
« mis tout en usage pour parler au prince sans pouvoir y
« parvenir, elle s'est même travestie en paysanne et s'est
« introduite dans la petite maison qu'il occupe à la Nouvelle-
« France, mais ayant été reconnue par un de ses gens et le
« prince en ayant été instruit a refusé constamment de la
« voir » (1).

—— 4 juin 1775. Autre maison au haut de la même rue
tenue à loyer par le sieur de La Croix, banquier, où venait
souvent la Dˡˡᵉ Hubert, entretenue par son caissier Sicard.
Ils furent arrêtés le 4 juin 1755 pour la fabrication de différentes lettres de change frauduleuses que La Croix avait
versé dans le public, notamment à la Compagnie des Indes ;
on les enferma à la Bastille et la Dˡˡᵉ Hubert quand elle
voulut rentrer trouva la porte close (2).

RUE DE ROCHECHOUART

En face de la rue de Bellefonds s'élevait une petite
maison appartenant à M. de Roquemont. comman-
dant du guet, occupée en partie le 12 mai 1753 par la
Dˡˡᵉ La Tour et le sieur Dargent, capitaine réformé du régiment du Rangrave. La demoiselle qui n'avait pu résister aux
offres et aux manières séduisantes du soldat commençait à se
repentir de sa crédulité, lorsqu'après 4 mois de réclusion
dans cette demeure, elle s'aperçut qu'elle avait « donné dans
l'embuscade », et qu'au lieu d'avoir 200 liv. par mois, ses
petits cadeaux se trouvèrent réduits à une montre en or de
la valeur de 10 louis et à une robe d'indienne, quant aux
200 liv. on n'en parla plus. En revanche, les mauvaises

---

(1) B. N. MSS. fr., 11,359. Rapp. de Marais, p. 507.
(2) Arsenal. Arch. de la B., 10,238. Rapp. de Meunier, p. 556.

humeurs du sieur Dargent étaient fréquentes et elle dut subir
« quelques impositions de mains » que le sieur Dargent prodiguait dans ses moments de colère. Pour éviter ces bruta-
lités, elle s'enfuit un jour et vint« donner de la tête »
chez la Fleurance, mère abbesse, demeurant rue Cadet
et lui demande asile, celle-ci la trouvant à son gré
pour achalander sa boutique n'eut garde de refuser.

Trouvant le nid vide, le sieur Dargent fit des pieds et des
mains pour retrouver sa maîtresse ; cinq jours après il connaissait le refuge de la belle et vint le soir à 10 heures et
demie accompagné d'un de ses amis et du père de la demoiselle chez la Fleurance où, l'épée à la main, il menace de
tout tuer et tout briser si on ne lui rendait pas sur le champ
sa compagne. La procureuse effrayée de cette alarme envoya
chercher l'agent Meusnier pour arranger les choses, enfin
comme le père réclamait sa fille elle réussit une petite affaire
en faisant signer au sieur Dargent un billet de 130 liv. Le
lendemain, la D^{lle} Latour fut installée rue Cadet dans la
petite maison de la Fleurance qui la loua au sieur Dargent
36 liv. par mois toute meublée (1).

—— Au coin de la rue Rochechouart et de la rue de Bellefonds, n° 6, M. M., s'élevait une maison appartenant au sieur
Mercier, fourbisseur, où fréquentaient en octobre 1756 le
comte de Charollais, le marquis de Benonville, le marquis de
Seignelay, le comte de la Marche, M. Chaillou de Joinville,
conseiller au Parlement, et le sieur Dumazel venant y faire
des parties et des soupers qui duraient jusqu'à 3 ou 4 heures
du matin.

La D^{lle} Deschamps l'aînée, maîtresse de M. Brissard, dont
elle avait su captiver le cœur et la bourse, menait grand
train et se réservait en outre le droit de vivre à sa fantaisie,
aussi ne se passait-il pas de jour qu'elle ne fit des parties de
débauche avec la D^{lle} Himblot sa bonne amie ; ces parties se
passaient ordinairement dans la maison de ce fourbisseur
Mercier, en compagnie des seigneurs qui s'y rassemblaient,

(2) Arsenal. Arch. de la B., 10,238, p. 230-234 et 10,239, p. 144.

après quoi la « D^{lle} Deschamps ramène sa compagne cou-
« cher avec elle, et si on veut en croire le public elle y prend
« beaucoup de plaisir » (1).

RUE DE BELLEFONDS

Le grand terrain allant de la rue de Bellefonds jusqu'au
boulevard extérieur était occupé pendant presque tout
le xviiie siècle par la propriété de M. le comte de
Charollais, Charles de Bourbon-Condé, prince du sang.
Ce seigneur venait dans ce séjour lorsque par misanthropie ou par fureur amoureuse il voulait fuir le monde ; là,
il s'enfermait et « au diable alors qui pourrait bien lui faire
« signer un papier, quand bien même le feu serait à la maison. »

D'Argenson nous a laissé un portrait de ce prince assez
amusant et qui nous montre bien l'inégalité de caractère du
comte de Charollais. »

« Il était né avec de la beauté et un courage comme en ont
« tous ceux de la maison de Bourbon, mais plus ou moins à
« la vérité. Sa branche est sujette à la folie. D'abord M. de
« Charollais devenu son maître, alluma sa fureur par force
« de vin pur, n'y mettant jamais une seule goutte d'eau; cela
« le porta à des actions de férocité et de cruauté qui lui ont
« donné la réputation d'être un ogre et bientôt il a cultivé
« ce métalent en s'enfermant en solitude par incomplaisance
« et misanthropie, et sa santé s'est ressentie de ce goût
« morose et atrabilaire. Au fond il est bon homme et même
« vertueux, il a quelqu'esprit, de la discussion, du besoin
« d'affaires, d'occupation et de donner à repaître à son
« esprit. Il a toujours été porté au monoputanisme, c'est-à-
« dire à aimer une seule putain et, avec constance, il en
« exige, chose fort déraisonnable, qui est qu'elle soit fidèle,
« et comme il y éprouve des contrariétés, sa fureur se porte
« alors plutôt contre les séducteurs que contre la séduite. Il
« a eu vingt prises avec les gens en place, et au fond ceux-

(1) Arsenal. Arch. de la B., 10,236. Rapp. de Meunier.

La Folie de Chartres au Parc Monceau.

« ci avaient tort et l'avaient trompé. Alors sa fureur est
« extrême, il s'indigne contre l'injustice et les vices du cœur,
« il serait un autre hercule s'il était le maître, mais il lui
« manque sur cela l'esprit de suite ; on distingue le bien à
« travers ses passions et de ses piques qui l'emportent à la
« fureur, et un penchant à aimer autant la vertu et la souf-
« france qu'il hait les qualité et situations opposées » (1).

Il tint pendant longtemps Mme de Courchamp, femme d'un
maître des requêtes, enfermée dans sa maison de la rue de
Bellefonds ; il y vécut du reste lui-même en tête-à-tête avec
elle. « Il ne vient à l'hôtel que pour assister au conseil. Du
« reste, il n'a point d'autre domicile que la petite maison et
« on ne le voit nulle part, hors à Versailles quand il fait les
« fonctions de grand-maître et à Chantilly pour les chasses » (2).

Il parait que cette dame aurait préféré être chez elle et
qu'il l'avait enlevé, la tenant en captivité malgré elle. A la
cour on chuchotait le couplet suivant :

Et Charollais lui dit :
Mon cousin
Quand l'état on ruine ;
Toujours sans dire mot,
Mon cousin
La Courchamp je p...
Mon cousin
Voilà, mon cousin l'allure
Mon cousin
Voilà, mon cousin l'allure (3),

Les enlèvements étaient d'ailleurs fort à son goût, sa petite
maison merveilleusement située, hors de toute surveillance,
entourée d'un immense jardin servait admirablement ses
plaisirs ; mais il fallait toutefois les amener jusque là et
c'est ce qu'il ne put faire avec Mme Lebreton, veuve d'un
homme qui lui avait été attaché et fille d'un M. Ménage, riche
sous-fermier. La jolie financière se refusa à ses désirs ; fou
de colère le prince s'en prit au père de la dame et le menace

---

(1) Mém. de d'Argenson, éd. 1860, II, p. 406-407.
(2) Journal de Barbier, II, 301 et III, 196.
(3) B. N. MSS. fr. Chansonnier Maurepas, 12,633, p. 69.

de le faire rayer de la liste des sous-fermiers, il va jusqu'à sa porte, lui ordonne de descendre et de se retirer lui-même des sous-fermes, s'il restait à Paris il lui ferait donner cent coups de bâton chaque semaine et il commence d'avance quelques coups de canne en pleine place des Victoires. Devant ces arguments, le sieur Ménage se retira chez son beau-frère..., et un mois après sa fille épousait M. de Mouchy (1).

L'insuccès de cette aventure ne découragea pas le prince que nous revoyons deux mois après tenter une nouvelle bonne fortune. Il vint rôder fort souvent dans l'île Saint-Louis sans équipage ni suite, soupirant après la D^{lle} de Varenne, fille du sieur Pelée de Varenne, procureur au Parlement, demeurant rue Regratier. Ses avances furent entendues par la jeune fille dont la mère du reste ne laissait échapper aucune occasion de faire apprécier les charmes naissants de son enfant âgée de 16 à 17 ans, petite, mais parfaitement belle. Un soir, le carrosse du prince accompagné de quatre hommes s'arrête devant sa porte, la demoiselle vint elle-même ouvrir et saute dans la voiture dont un laquais tenait la portière ouverte. Conduite rue de Bellefonds elle y passa quelques jours, au bout desquels elle revint chez ses parents rêvant une autre vie qu'elle ne tarda pas à suivre ; bientôt même elle fut si fréquentée qu'elle donnait en juillet 1753 « une chaude-p... cordée à M. Le Normand d'Etiolles » (2).

Le comte de Charollais qui avait un culte pour sa petite maison devait y mourir le 23 juillet 1760 : il expira subitement d'une goutte remontée. On le porta à Montmorency dans le caveau de sa famille. « Le temps fut si épouvantable ce « jour-là que les paysans crurent tous les diables déchaînés « pour assister à son enterrement » (3).

Après sa mort on trouva à sa petite maison dans une commode de bois de noyer un petit coffre-fort de guerre où

(1) Mém. de d'Argenson, tome VI, p. 70-97.
(2) B. Arsenal. Arch. de la Bastille, 10,242, p. 325. Rapports de Meunier.
(3) Journal de Barbier, IV, p. 355.

se trouvaient plusieurs rouleaux de louis, demi-louis, etc., formant une somme totale de 41,080 livres.

Dans un cabinet on découvrit encore un sac contenant 1,991 liv., vingt-quatre autres de 1,200 liv., un de 806 liv. 2 s., un de 356 l. 2 s., un de 260 liv. 5 s. et de l'argenterie ; dans une autre pièce au premier étaient enfermées les riches porcelaines. Son appartement dans cette propriété se composait d'un cabinet, salle à manger, chambre à coucher, vestibule, salon, chambre bleue, cabinet de toilette aux tables garnies de boîtes à poudre, boîtes à pommade, et d'une riche bibliothèque.

Après l'inventaire, Mme de Courchamp qui avait vécu longtemps dans cette demeure vint réclamer différentes sommes, bijoux et effets lui appartenant, savoir : 16,906 liv. 16 s. en espèces, quatre billets de la Compagnie des Indes, trois actions de la même Compagnie et 2/10 d'action se trouvant dans le tiroir du secrétaire, deux petites tabatières d'or et un portrait en écaille qui gisaient dans le même endroit, deux bracelets de grenat et deux petites bagues, deux sondes pour femme, des bas de fil d'Angleterre, plusieurs robes et jupons, enfin quelques pièces d'argenterie.

Ces différents objets furent remis entre les mains du trésorier du prince s'en chargeant comme dépositaire et Mme de Courchamp en reprit possession quelque temps après (2).

RUE DES MARTYRS

Cette rue bien qu'occupée en partie par des cabarets aux enseignes à devises saintes ou bachiques, recélait aussi quelques petites maisons où la bonne société s'aventurait, traversant les Porcherons, montant le chemin mal pavé pour entrer discrètement dans ces retraites que des jardins bien clos cachaient aux yeux curieux des passants.

—— Le duc de la Trémoille possédait dans cette rue un pavillon retiré où il recevait la plus galante compagnie

(2) Arch. nat. Papiers des princes, X¹a 9174-9175.

venant y faire de ces fins soupers si célèbres à l'époque. Le 21 décembre 1761 il reçoit « à sa petite maison `rue des Mar-« tyrs, près Montmartre », MM. de Froulay, d'Estampes, de Vierville et Valençay accompagnés des D^{lles} Lagrange, Saint-Martin, Ledoux et Buart, toutes quatre figurantes dans les ballets de l'Opéra ; ils poussèrent la débauche fort avant dans la nuit « et ces demoiselles peuvent se vanter d'avoir été « fourragées d'importance » (1).

Le mois suivant le duc soupe dans cette maison avec les D^{lles} Villette et Parmentier ; la dernière lui inspira un sentiment si vif qu'il lui proposa de l'entretenir si elle voulait quitter le marquis de Paolucci, ministre de la cour de Modène, qui lui donnait 300 liv. par mois, mais Mlle Parmentier préféra conserver ce qu'elle tenait et venir faire de temps en temps quelques passades chez M. de La Trémoille, lui promettant de se trouver exactement aux rendez-vous qu'il lui donnerait. C'est ainsi qu'elle y revient quinze jours après.

M. de La Trémoille n'ayant pas réussi de ce côté, essaya, le 19 février, de se rattraper sur la D^{lle} Lavault pour qui il avait beaucoup de goût, la traitant souvent dans sa petite maison et avait « assez sottement toutes sortes de considérations « pour elle, cette demoiselle s'en amuse et se dédommage de « l'ennui de sa conversation en lui soutirant quelques louis « d'or » (2).

La demeure du duc de la Tremoille servait aussi à ses amis en bonne fortune ; le 6 juillet 1762, il la prête à M. de Vierville qui y donne à souper à MM. de Courcy et de Quintz, ils avaient comme compagnes les D^{lles} Maisonville et de Courcy sœurs, « toutes deux fort jolies, avec qui ils s'amusèrent » (3).

—— Dans la même rue des Martyrs aux Porcherons, une autre petite maison était occupée par la D^{lle} Desjardins, dite

<hr>

(1) B. N. MSS. fr. 11,358. Rapports de Marais, p. 619, 624, 641.
(2)   —   —   11,358, p. 643.
(3)   —   —   11,358, p. 756.

la baronne de Fraqueville, entretenue par M. le duc de Montmorency ; dont un rapport de police en date du 4 juillet 1760
nous raconte la vie avec assez d'indiscrétion. « La D^lle Desjardins, âgée de 18 à 19 ans, d'une moyenne taille, mais bien
faite, brune de cheveux, l'œil noir et vif, la bouche un peu
grande, les dents belles, le nez aquilin, mince de taille, la
jambe bien faite, est native de Paris, paroisse Saint-Roch, ses
père et mère étaient autrefois établis marchands de mercerie
dans le jardin même du Palais-Royal où ils ont amassé quatre
à cinq mille livrès de rente et se sont retirés à Belleville. Le
père est mort il y a quelques années, la mère élevoit très
durement sa fille, et cette jeunesse ayant refusé un parti
qu'elle vouloit lui donner, elle en fut encore maltraitée ; il y
a de cela environ deux ans et demi ; dans ce temps un de
ses frères, associé à une troupe de comédiens de province
vint à Paris, vit sa sœur qui lui conta ses petits chagrins et
lui demanda un prompt secours, il ne put lui en donner
d'autres sinon de la déterminer à le suivre à Rochefort où il
alloit avec sa troupe et de lui donner de bons appointements,
ce qu'elle accepta sur le champ. Elle s'évada de chez sa
mère avec un très petit paquet de hardes, mais ce frère obli-
geant y suppléa ; sa femme, fille de son associé, lui fit un
très bon accueil et par elle-même ayant des mœurs et beaucoup de sagesse, contre l'ordinaire des femmes de son état,
la produisit dans la meilleure compagnie de la ville où elle
étoit journellement admise et déjà connue pour y avoir
séjourné, elle se tint effectivement sage ; les dames lui faisoient des présents, tous les personnages riches lui faisoient
la cour par entêtement, mais tout cela inutilement rebutés,
enfin ils la laissèrent tranquille ; on lui dit cependant que
pour dernière attaque, on la prévenait qu'elle ne pourrait
pas se refuser aux galanteries et aux grâces de M. le duc de
Montmorency qui devait arriver sous peu de jours alors. Elle
en badina elle-même avec ceux qui lui parloient, et le temps
lui amena M. le duc à qui l'on ne manqua pas de rendre sa
fermeté sur le chapitre de l'amour comme d'une place impre-
nable ; il se piqua au jeu, se montra et vint papillonner près

de cette nouvelle Lucrèce qui parut n'y point faire d'attention ; les difficultés en amour rendent plus vif et plus séduisant un jeune amant, M. le duc redoubla ses soins et se fit
avouer enfin par sa maîtresse qu'elle en avoit été subjuguée ;
ce seigneur à qui l'on refusait malgré tout cela le prix de sa
tendresse, crut l'obtenir plus tôt en la faisant enlever, il le fit
un jour qu'elle se rendait à la salle de spectacle, la D^{lle} Desjardins lui refusa bien plus opiniâtrement ce qu'il demandoit,
il la rendit donc à son frère en l'assurant de sa sagesse et
continua de lui faire sa cour. Elle ne se rendit qu'à de fortes
conditions, son idée étant de ne vivre avec un amant que
pour s'assurer un sort pour la suite, leurs conventions faites
il la fit quitter le spectacle et l'emmena avec lui à Paris, il
assure lui-même avoir été plus d'un mois encore à n'en pouvoir obtenir les premières faveurs, tant elle cherchoit elle-
même à résister à son penchant naturel ; elle vécut avec lui,
se contentant d'un appartement garni rue du Bac, vis-à-vis
de l'hôtel des Mousquetaires gris et d'un ordinaire très
médiocre, enfin sa vertu plus que ses charmes lui conserva
son amant malgré le torrent des plaisirs qui lui étoient
offerts ailleurs et pour lesquels il est bien fait étant un de
nos plus aimables seigneurs. Enfin se voyant près de partir
pour l'armée, il est question qu'il lui a fait un contrat de
constitution, quoiqu'encore en minorité qui porte promesse
de le ratifier lorsqu'il sera en âge, on n'en sait pas le montant, c'est un secret qu'elle a même caché à un cousin ger-
main seul de ses parents qui ait accès chez elle. De plus, il
lui a fait louer une fort jolie maison aux Porcherons rue des
Martyrs où il a été mis pour environ cinq mille livres de
meubles fournis par La Botte, tapissier, mais pour assurer
son paiement, ce tapissier a exigé qu'il lui fit des lettres de
change sur la conservation de Lyon, lui promettant de n'en
faire aucun usage dans son commerce, et pour s'en assurer
M. le duc les a mis sous enveloppe et y a posé le cachet de
ses armes, lui demandant à ce sujet le plus profond silence,
il lui a promis. Cependant je ne l'ai su que de La Botte lui-
même.

« C'est la même que j'arrêtais à la foire Saint-Germain travestie en homme le 26 mars dernier et qui fut relaxée le même jour suivant les ordres du magistrat. Elle est connue sous le nom de baronne de Fraqueville.

« Ce seigneur *[M. de Montmorency]* est marié, son épouse est extrêmement aimable et l'adore, il est pour elle d'une indifférence qui approche même de la dureté, toutes les fois qu'elle le voyait sortir de chez lui, elle passait des journées à pleurer, et enfin elle l'a guetté pendant 15 jours avant son départ en passant les nuits sur son balcon pour l'embrasser avant qu'il partît ; elle lui sauta au col ce jour-là et rentra lorsqu'il fut monté enchaise dans son appartement à lui qu'elle n'a pas quitté depuis, pleurant jour et nuit, j'ai su ces particularités par des gens attachés à son service. Il est naturel d'imaginer d'après tous ces détails-là que ce seigneur serait très fâché que l'on sut ses engagements secrets avec la D^lle Desjardins » (1).

RUE SAINT-LAZARE

« A l'entrée de la rue Saint-Lazare, presque vis-à-vis le
« château du Coq est une maison n°s 6 et 7 appartenant à : (?)
« louée au marquis de Beaucamp et au chevalier de Chamo-
« ran, qui y amènent des filles qui détaillent ; les D^lles Sau-
« vage, Deschamps et Beauchamp y ont fait des parties. Ces
« messieurs sont actuellement à leur régiment. »

En 1761, c'est M. de Resset, italien, qui occupe le n° 7, amenant MM. de Pomperain, Bouret, le marquis de Marigny, de Valière, Jumilhac et Bertin y faire des parties avec des filles de chez la Dehongrais (2).

—— En face, le château du Coq avait été cédé par M. de Martel au comte de Brancas pour y recevoir une Mme Brissart, venant y passer quelques heures en sa compagnie (3), ensuite la D^lle Pouponne, figurante à l'Opéra, nouvelle

(1) B. N. MSS. fr., 11,358, p. 139. Rapports de Marais.
(2) Arsenal. Arch. de la Bast., 10,252. Etat des petites maisons, 1er juillet 1752. — B. N. MSS. fr. 11,358, p. 405. Rapp. de Marais.
(3) B. N. MSS. fr. 11,359, p. 744. Rapports de Marais.

conquête du comte, remplaça Mme Brisard et vécut dans cette maison, l'été de 1762, habillée de jolis vêtements d'homme ; elle ne se rendait à Paris que les jours de spectacle, la fidélité de cette jeune personne laissait beaucoup à désirer et l'on assure que pendant une des absences de M. de Brancas « elle céda non sans avoir résisté longtemps à M. de Vougny qui a jouit de ses jeunes appas » (1).

—— « Même rue passé la barrière Blanche, n° 6 bis, appar-
« tenant encore à Magny, cabaretier, cy-devant occupée par
« le marquis de Ximènès et actuellement par M. de Maze-
« rolles, ancien officier des mousquetaires gris retiré du ser-
« vice depuis neuf à dix ans, qui y est à demeure avec une
« femme de laquelle il a cinq ou six enfants. On prétend
« qu'elle était femme d'un bourrelier des mousquetaires
« et qu'il n'y a guère plus d'un an que son mari est mort ;
« M. de Mazerolles est âgé de soixante-dix ans » (2).

Cette demeure se trouvait exactement sur l'emplacement actuel de la rue Taitbout (3), elle appartenait en 1771 au fils de Magny, Jean-Louis Magny de Maisonneuve, avocat au Parlement, maison que l'on a souvent confondu avec le cabaret du même Magny situé au coin de la rue de Clichy (4).

—— « Même rue Saint-Lazare et du même côté, maison
« sans numéro appartenant à la fabrique de St-Opportune.
« Elle est à louer présentement. Il faut s'adresser au sieur
« Bourget, syndic en charge.

—— « Même rue Saint-Lazare, même côté n° 9, maison oc-
« cupée anciennement par la Paris et depuis plusieurs années
« tenue à loyer par le sr Trévoux, lieutenant des gardes de la
« compagnie de Courtomer qui y vient toujours avec Mme la
« duchesse de Ruffec, fille de feu Dangervilliers. » Après M. de Trévoux, M. de Marsay, lieutenant de la compagnie d'Aubonne, eut cette maison pendant deux ans, puis M. de

---

(1) Journal des inspecteurs de M. de Sartines, 1863, in-8, p. 42, 133.
(2) Arsenal. Arch. de la Bast., 10,252. Etat, 1er juillet 1752.
(3) Bibl. Nat. Estampes. Coll. Destailleurs. Plan des Porcherons et plan de la maison Magny.
(4) Lazare. Dict. administratif des rues de Paris, 1849, p. 717.

M.lle COLOMBE L'AINÉE

Pensionnaire du Roy

Née à Venise en 1753 en débuts à la Comédie Italienne en 1773.

Montboissier en prit possession le 11 juin 1756 pour y loger la D^lle Louise Bienvenu connue sous le nom de Lizette dans le monde galant. Un mois après elle fut congédiée pour ses escapades trop fréquentes, bien qu'elle n'eut que 16 ans.

—— « Même rue Saint-Lazare, nº 8 M. M., maison apparte-
« nant au commissaire Dalby, cy-devant occupée par la
« D^lle La Ferté, ensuite par la D^lle Coupée, danseuse à
« l'Opéra, entretenue par le fils de M. de Montboissier,
« actuellement louée à la D^lle Devaux, cy-devant danseuse à
« l'Opéra et au marquis de Ximenès, lequel y vient coucher
« presque toutes les nuits et s'en retourne sur les 10 à 11
« heures du matin. Depuis quelques jours il y a dans cette
« maison une autre dame que l'on dit être de Besançon qui
« y fait compagnie à Mlle Devaux et qui a été mise par M. le
« comte d'Autrey, gouverneur de Gray, en Franche-Comté,
« ami du marquis de Ximenès ; ce M. d'Autrey couche sou-
« vent dans cette petite maison » (1).

La D^lle Coupée avait été prostituée par ses parents. C'était à cette époque une blonde, yeux bleus, au nez un peu long et bien faite, elle venait de débuter à l'Opéra quand elle fit la conquête du duc de Chartres, puis elle passe au baron Schef-fer aux appointements de 600 liv. par mois, c'est alors qu'elle vint rue Saint-Lazare avec M. de Montboissier, mais pour s'envoler bientôt avec un M. Ferrand et en 1751 on la retrouve à la charge de M. de la Reynière (2).

Il y eut une autre Coupée alors chanteuse à l'Opéra qui vint demeurer en 1778 rue de Clichy où elle possédait deux hôtels.

—— « Même rue Saint-Lazare, nº 9 MM. au chevalier de
« Lussan, laquelle est à louer présentement. »

Plus tard on voit cette petite maison occupée par M. le

---

(1) Arch. de la B., 10,252. Etat des petites maisons, 1er juillet 1752.

En marge dans le MSS. on lit : « Par un mémoire présenté à M. le comte d'Argenson, lequel nous a été renvoyé par ce magistrat, on apprend que cette dame est la D^lle Christine Lefebvre, épouse du sieur Poncelin, seigneur de Raucourt, laquelle s'est évadée de chez lui vers la fin du mois de février dernier. Pour raison de quoi il demande qu'elle soit renfermée dans un couvent à Besançon. » — Et 10,239 pages, 746-748.

(2) Arsenal. Arch. de la B., 10,235. Rapp. de Meunier.

marquis de Persennat et une D{ll}e Marie Boujart, dite Bellevue dont voici l'histoire : (1)

« La nommée Marie Boujard actuellement âgée de 14 ans et
« demi, est de petite taille mais bien faite, la figure ronde, les
« cheveux bruns, les yeux petits mais pleins de feu, les dents
« assez bien rangées, la bouche petite, une jolie gorge, la
« main bien faite et la peau très blanche ; est fille de pauvres
« gens, son père est mort à l'Hôtel-Dieu ; il y a plus de
« 18 mois que sa mère la présenta chez la Varenne, femme
« tenant maison publique à qui elle la donna comme pucelle
« en la priant de chercher à la faire entretenir. La Varenne
« accepta les propositions de cette mère, garda la fille chés
« elle et se mit en campagne pour trouver ce qui pouvait
« leur convenir à toutes trois ; elle se porta chés M. le mar-
« quis de Bandole qu'elle connaissait pour grand amateur de
« pucelage, qui vint chés elle voir la victime qu'il devoit
« sacrifier, il entra en lice après être convenu de 4 louis
« seulement pour la première offrande et des promesses
« pour l'avenir, mais n'ayant pas rencontré les difficultés
« qu'il imaginoit surtout étant par lui-même d'une nature
« énorme au dire de mainte et maintes filles par les mains
« de qui cette nature a passé, et devenu furieux contre
« la Varenne, au lieu de lui donner des preuves de sa géné-
« rosité, il jeta sur le carreau 12 livres et se retira en la
« chargeant d'imprécations et luy jura de n'ajouter à l'avenir
« aucune foy à ses discours ; la Varenne touchée des
« reproches qu'elle venait d'essuyer envoya chercher son
« chirurgien et fit visiter la pensionnaire qui fut trouvée d'un
« large étonnant, il ne fut plus question de chercher d'entre-
« teneur, la mère donna son consentement par écrit pour
« qu'elle restât comme pensionnaire sous des conditions
« pécuniaires à tant par semaine, et la fille fut connue sous
« le nom de Bellevue. Enfin ses exercices libidineux luy
« procurent la grande maladie qu'elle dispersa généreuse-

(1) Arsenal. Arch. de la B., 10,252. Etat des petites maisons, 1er juillet
1752.

« ment à tous ceux qui voulurent la cajoler ; la Varenne crai-
« gnant le mécontentement général qui se manifestait jour-
« nellement lui fit passer deux fois de suite les grands
« remèdes, afin de l'épurer avec sûreté, elle est revenue il y
« a quinze jours à son tripot, elle la fit comprendre dans une
« partie de souper qui se fit le 16 de ce mois (mars 1760) à la
« petite maison de M. de Fronsac où M. le marquis de Per-
« sennat se rencontra, il la trouva à son goût et le lendemain
« il vint à la Varenne la luy demander pour l'entretenir, ce
« qui fut accepté par les deux parties intéressées, il donna
« à compte de ses dettes 25 louis d'or comptant et fit une
« lettre de change de 25 autres tirée sur un de ses parents,
« payable dans six mois et emmena sa nouvelle maîtresse
« chez luy, à qui il doit donner 300 liv. par mois sans les
« présents, il n'a pas voulu entendre parler de la mère, ni
« permettre à la fille de la laisser venir chés lui, il l'a séques-
« trée dans sa maison rue *Neuve-Saint-Lazare au n° 9* et
« depuis il a abandonné la D^{lle} Dascher dont j'ai donné la
« première aventure le 15 de ce mois ; je ne crois pas qu'elle
« y ait beaucoup perdu, car ce monsieur est extraordinaire-
« ment capricieux et fort peu généreux. La Varenne assure
« qu'elle est restée immobile lorsqu'elle l'a vu tirer sa bourse
« et conclure si promptement le marché avec elle pour la
« D^{lle} Bellevue à qui il faudra une longue éducation pour la
« décrasser du mauvais vernis de la maison d'où elle sort et
« des principes qu'elle a reçu de sa mère » (1).

Mlle Dascher dont il est question plus haut aurait eu l'am-
bition de devenir la maîtresse de Louis XV. Dans cette
intention elle alla quelquefois à Versailles sans attirer les
regards de S. M. et malgré la protection de la Brezé, appareilleuse de la rue Saint-Anne, elle se trouva dans l'obligation de s'en rabattre sur d'autres seigneurs de moins d'importance, entre autres M. de Persennat qui lui fit apprendre à
danser, mais comme il abandonnait ses conquêtes aussi facile-
ment qu'il les prenait, il la remplaça par Mlle Bellevue qui ne

(1) B. N. MSS. fr., 11,358. Rapp. de Marais, p. 49.

dura pas très longtemps pour les mêmes raisons, et cette fois c'est une danseuse de la Comédie-Italienne, la D^lle Lacroix qu'il prend à ses gages et qu'il n'abandonne pas dans sa grossesse en lui promettant 1,200 liv. de rente tant sur sa tête que sur celle de son enfant. Elle vint rue Saint-Lazare pour y faire ses couches. Son séjour n'empêchait pas les petits soupers dont les principaux invités du marquis de Persennat étaient le marquis de Voyer-d'Argenson et M. de la Vaupalière avec les D^lles Lestoile et Julie (1).

—— « Même rue, n° 10, M. M., maison appartenant à M. de « Ferrière, employé aux fermes générales et louée à un « monsieur dont on n'a pu savoir le nom qui demeure, dit- « on, rue Poissonnière et qui y vient de tems en tems avec « une demoiselle.

—— « Octobre 1754. — Petite maison aux Porcherons, « n° 12 b., appartenant au marquis de Gouffier et à présent « occupée par Hermand, le fils de son fermier et la D^lle Ri- « chard, sa maîtresse.

—— « Dans la même rue, n° 13, M. M..., maison tenue à « loyer par le frère de M. Caze, fermier général, lequel est « officier aux gardes sous un autre nom que celui de Caze et « qui y vient nuitamment avec des femmes.

—— « Même rue Saint-Lazare, faisant le coin de la rue « Blanche, n° 15, M. M. appartenant cy-devant à M. de la « Porte, intendant de Grenoble, qui l'a vendue depuis plus « d'un an à M. de La Bourdonnais, homme riche et s'amu- « sant à la chimie. Il l'occupe par lui-même et fait bâtir « actuellement » (2).

—— Près le château du Coq, M. de Vallier fit acquisition d'une petite maison où se rendaient un notaire, Me Clauze, amant de la D^lle Roye, un mousquetaire du nom de Dalinville et les D^lles Brulé et d'Argensière (3).

—— Une autre petite maison est à signaler dans la rue

(1) B. N. MSS. fr. Rapp. de Marais, p. 35, 234, 699, 785.

(2) Arsenal. Arch. de la Bast., 10,252. Etat des petites maisons, 1er juillet 1752.

(3) B. N. MSS. fr., 11,359. Rapports de Marais, p. 396.

Saint-Lazare, celle qu'occupait le prince de Nassau, de 1772 à 1777. Nous le voyons constamment assigné au Bailliage de Montmartre pour différents avec les fournisseurs les plus divers.

Le 29 avril 1772, il est condamné à payer pour 514 l. 4 s. 6 d. à son boulanger pour fourniture de pain et dans la même audience à 2,412 l. 10 s. pour des billets.

Il change de boulanger, mais le 12 août 1772 le sr Duval le fait condamner à payer 64 l. 1 s. pour fourniture de marchandises.

Le 27 janvier 1773, c'est son tailleur à qui il est obligé de donner 11,517 l. 6 d. pour son mémoire.

Le 3 mai 1773, il est condamné à payer 231 l. 4 s. à Lagarde, menuisier, pour ouvrage de menuiserie, et le 28 septembre 1774 à Bonsergent 424 l. 11 s. pour la maçonnerie, toujours pour l'entretien de sa maison ; le 27 mars, à Bligny, 244 liv. pour le montant d'ouvrages de dorure.

Le 27 novembre 1777, le prince de Nassau doit aussi payer à Debesse 87 l., savoir : « 60 l. pour 20 jours de loyer d'une diligence à ressort et 27 l. pour la valeur d'une glace de la portière cassée » (1).

Malgré toutes ces affaires civiles, le prince de Nassau si peu regardant pour les autres savait bien ce qui se passait en sa maison et voici la plainte qu'il adresse au procureur fiscal de Montmartre :

« Je vous prie, Monsieur, de vouloir bien faire mettre en
« prison les nommés l'Eveillé, Lecomte, Noël et Aubert, mes
« palefreniers, qui ont quitté mes chevaux sans les panser et
« avec la plus grande insolence et même se révoltant au point
« qu'ils se sont jetés sur mon cocher pour le battre, je vous
« aurais une véritable obligation pour mettre ordre à un
« abus qui tire à la plus grande conséquence.

Ce, 8 mars 1777 » (2).

(1) Arch. Nat. Z 2, 2,387 (aux dates).
(2)   —   — 2,467.

—— Dans la rue Saint-Lazare, le duc de Chartres (1) eut également une petite maison près de la rue Blanche ; ce prince depuis qu'il avait « donné son pucelage à la Dlle Duthé, dite Rozalie, figurante « à l'Opéra », voulait avoir son petit hôtel, et il loua rue Saint-Lazare une maison cotée no 10 en 1761 ; alors, fier de son intérieur, il écrit à la procureuse Brissaut de lui amener « à sa petite maison rue Saint-Lazare « une demoiselle qui fut saine et eut l'air décent ; cette femme « exécuta ses ordres et lui envoya la Dlle Delisle qui ras-« semble ces qualités. Le prince s'y rendit seul et parut « enchanté de cette divinité, car il l'exploita de son mieux « et la paya très généreusement. »

Le duc de Chartres qui avait aussi un goût prononcé pour les petites bourgeoises se recommande à la Dlle La Mule, appareilleuse sous le manteau, pour lui procurer cette espèce rare.

« Cette femme fut exacte et lui présenta comme une jeune « veuve la Dlle Maisonville connue de tous les sérails et de « tous les mauvais sujets de Paris, au reste très jolie ; mais « comme tout gist dans le préjugé, le prince l'a trouvé ado-« rable et s'est amusé complètement avec elle et a très bien « récompensé la Dlle La Mule » (2).

Quelque temps après, il transporte sa petite maison dans la rue du Rocher ou plutôt à cette époque rue de Valois-du-Roule. Là, il y fait construire une coquette demeure dans laquelle il amenait Mme de Senac pour de fines parties. M. de Senac n'ignorait pas cette intrigue et un soir il dit au foyer de l'Opéra : « Messieurs, je vais vous dire une nouvelle, ma « femme est une putain. Croiriés-vous où sont ses galeries ? « C'est à la petite maison du duc de Chartres. » En effet, elle avait soupé la veille à Monceau avec le duc et sa société.

---

(1) Louis-Philippe-Joseph duc d'Orléans, né le 13 avril 1747, exécuté le 16 brumaire an II ; porta le titre de duc de Montpensier jusqu'à la mort de son grand'père (1752), puis celui de duc de Chartres jusqu'à la mort de son père (1785), où il prit celui du duc d'Orléans et plus tard connu sous le nom de Philippe Egalité.

(2) B. N. MSS. fr., 11,360. Rapp. de Marais, p. 46, 341, 371.

M. de Senac l'ayant fait suivre était bien renseigné ; du reste, il ne se privait pas de tromper lui-même sa femme avec la D^{lle} Dumonsi, de ce côté il ne fut pas plus heureux, car il la trouva un soir couchée avec un mousquetaire ; la demoiselle sans s'émouvoir du train terrible de M. de Senac, lui dit que puisqu'elle se prêtait à son vilain goût, il était bien juste qu'elle s'en dédommageât avec un autre, et qu'au reste il était fait pour être cocu. Sur quoi ce gentilhomme se consola avec la petite Delorme à qui il donna 100 louis (1).

Dans la maison du duc de Chartres on enterra joyeusement la vie de garçon de M. de Fitz-James qui, huit jours avant son mariage avait dit à ce prince : « Monseigneur, je « veux être un honnête homme, je quitte ma petite maison et « je renonce aux filles. — Cela est fort bien, mais les noces « ne sont que dans huit jours ; il faut que tu viennes après « demain souper à ma petite maison pour dire adieu à nos « coquines. — Cela est fort juste, j'aurai l'honneur de m'y « rendre » (2).

Le jour dit, Fitz-James partit après l'Opéra et fut d'abord reçu par un valet en pleureuse, les appartements étaient tendus de noir jusqu'au plafond, des crêpes couvraient les lustres, dont les girandoles portaient des écriteaux : « Aujourd'hui Fitz-James est foutu pour la dernière fois. » Les seigneurs en deuil comme les laquais le reçurent à la lueur de bougies de cire jaune, le présentant à trois veuves, fournies par la Gourdan : Rozette, Lilliers et Saint-Germain vêtues de crêpe au tour de gorge d'effilé noir (3).

Cette soirée se passa plus gaiement que celle où Fitz James perdit chez le duc de Chartres 800,000 liv. et qui pour s'acquitter, dut vendre son hôtel de l'Infantado, rue Saint-Florentin (4).

La maison du duc de Chartres s'agrandit, les jardins atteignirent la barrière Monceau et les embellissements commen-

(1) B. N. MSS. fr., 11,357. Rapp. de Marais, p. 30, 36, 44.
(2) Collé. Journal historiq., tom III, p. 224, mars 1769.
(3) Imbert. La Chronique scandaleuse, 1791, tome V, p. 32.
(4) Saint-Fargeau. Dict. historiq. de la France, 1847, III, p. 153.

cérent en 1771 où il donne à souper dans sa maison barrière Monceau « qui est vraiment un séjour de volupté, à MM. le « duc et chevalier de Coigny, au baron de Bezeuval et autres « seigneurs, avec les D^{lles} Belleton et Noncy » (1).

Le pavillon et le parc, élevés sur les plans de Carmontel coûtèrent des sommes énormes à ce seigneur. Rien de tout ce qui peut contribuer à embellir un jardin anglais ne fut épargné, on y voyait ce que l'imagination peut enfanter de plus merveilleux ; des ruines grecques et gothiques, des tombeaux, un ancien fort à créneaux, des obélisques, des pagodes, des kiosques, des serres chaudes formant un agréable jardin d'hiver éclairées le soir par des lanternes en cristal suspendues aux rameaux des arbres, des grottes, des rochers, un ruisseau avec son île, un moulin avec l'habitation rustique du meunier, des cascades, une laiterie, des balançoires, des jeux de bagues disséminés çà et là au milieu d'un terrain accidenté où croissaient des arbres indigènes et exotiques de toute beauté (2). On appelait alors cette merveille *la Folie de Chartres*. Aujourd'hui, il en reste le parc Monceau.

— A la barrière Monceau il y avait en 1767 une petite maison où M. le Procureur du roi venait souper avec la D^{lle} Rozette, fille très jolie, mais d'un caprice extrême, lui tenant les propos les plus démontants, et si cet homme de loi n'avait craint de manquer à lui-même, il l'aurait, paraît-il, « jeté par les fenêtres, qu'il n'était pas possible d'être plus « imprudente, cependant chose extraordinaire sans en avoir « joui il lui a donné trois louis, ordinairement il a coutume « d'aller à la taille et c'est prodigieux combien il devait de « passades à la Hecquet chez laquelle il se faisait même « donner à souper ; mais cette femme qui craignait toujours « les événements fâcheux, n'osait pas à cause de sa qualité de « refuser » (3).

(1) B. N. MSS. fr., 11,360. Rapp. de Marais, p. 590.
(2) Lepelletier de Saint-Fargeau. Dict. historiq. de la France, 1847, in-8, t. III, p. 152.
(3) B. N. MSS. fr., 11,360. Rapports de Marais, p. 329.

Jardin Italien
Jardin Anglois
Cascade
Potager
Verge
Terre et fumier
Fleurs
Remises
Ecuries pour differents animaux
Etable à Vaches
Cour et Abreuvoir
Ecuries
Pigeons
Hangard
Jardinier
Jardinier
Jardin
de M. Boutin
aa. Parterres
b. Bosquet
c.
d. } Treillage
e. Ménagerie
f. Pavillon du Gladiateur
g. Belvédère
h. grand Bassin
i. Laiterie
k. Cabinets de Treillage
l. Serre chaude
m. Belvédère
n. Volière

—— M. de Chamilly, trésorier des écuries du Roi, avait aussi sa petite maison à la barrière Monceau où le 3 novembre 1763 il recevait le comte de Montrond avec les D^lles l'Estoile et Senneterre (1).

BARRIÈRE-BLANCHE

Cette appellation servait à indiquer non seulement la barrière qui se trouvait rue Saint-Lazare, mais aussi les rues même du quartier telles que la rue Blanche, rue Saint-Lazare et même des Martyrs qui s'en trouvait pourtant assez éloignée ; aussi bon nombre de rapports suivent-ils cet usage et mentionnent des maisons sises à la Barrière-Blanche sans autres explications. Celles qui par des notes complémentaires permettaient de les classer dans une de ces rues y ont été mises ; quant aux autres je me trouve forcé de les donner sous cette dénomination générale.

—— « Août 1754. — Petite maison, Barrière-Blanche, n° 6,
« occupée par Alain le jeune, bijoutier, et la D^lle d'Herbigny,
« sa maîtresse.

—— « Septembre 1754. — Petite maison à la Barrière-
« Blanche occupée par M. Moreau, sous-lieutenant aux gardes
« françaises, qui y vient coucher avec une fille qui n'a point
« de domestique et la D^lle Lassalle, mère abbesse doit y
« occuper un appartement (2).

—— « Décembre 1754. — Petite maison à la Barrière-
« Blanche, n° 10, M. M. occupée par M. le marquis du Ter-
« rail qui y tient un sérail, entr'autres Mlle de Villiers. C'est
« le chevalier Salbejone qui fait le portier. »

Le 21 novembre 1760, le comte de la Tour-d'Auvergne vint louer une petite maison à la Barrière-Blanche. Il avait demandé à la Varenne, appareilleuse, de lui procurer une jeune et jolie fille ; celle-ci jeta les yeux sur une voisine affligée de deux filles et vivant misérablement.

---

(1) B. N. MSS. fr., 11,359. Rapports de Marais, p. 244.
(2) Arsenal. Arch. de la B., 10,252. Etat pes petites maisons.

« Elle en parla à ce seigneur et lui fit apercevoir la
« D^{lle} Croussol aînée ; l'ayant trouvée à son goût, il pressa
« vivement la Varenne de lui en procurer la jouissance, lui
« promettant de lui donner 25 louis de récompense si elle
« réussissait. Cette femme pour ne point perdre une si bonne
« aubaine se transporta tout de suite chez la dame de Crous-
« sol et lui fit, pour livrer sa fille aînée les offres les plus
« tentantes de la part de M. le comte ; cette mère infortunée
« se laissa séduire, mais ne voulut cependant pas aban-
« donner sa fille que M. le comte n'eut réalisé toutes les
« promesses que lui avait fait la Varenne de sa part. Il tint
« parole et fit meubler pour sa jeune maîtresse prétendue
« une jolie maison à la Barrière-Blanche, lui acheta robes et
« linge, lui donna aussi des bijoux et fit aussi présent à la
« mère de différentes choses dont elle avait besoin ; en con-
« séquence, la victime lui fut délivrée et depuis ce temps
« M. le comte de la Tour-d'Auvergne vit avec elle » (1).

—— Une autre petite maison abritait les amours de la
D^{lle} Françoise Morel, dite la Richardière, ancienne maîtresse
de M. de la Houssaye, maître des requêtes, et de M. Baudéan
de Parabère. Elle avait en 1761 fait une heureuse conquête en
la personne de M. Roger, secrétaire du roi, homme âgé à
qui elle plut par son esprit au point qu'il se chargea de l'entretenir à raison de 15 louis par mois et la promesse de lui
faire 300 liv. de rente pour le jour de la Madeleine, patronne
de cette demoiselle, ce qui devait se renouveler tous les ans
à pareil jour si ce monsieur continuait d'être content.

Toute cette petite fortune ne dérangeait pas son genre de
vie avec le s^r Fremin, le greluchon, sinon qu'il se trouva dans
l'obligation de prendre quelques précautions afin de ne point
donner d'ombrage au vieillard aux yeux duquel il passait
pour un cousin ; comme ce jeune homme était fort doux et
qu'il aimait sa maîtresse à l'adoration plutôt que de s'en priver, il aurait joué tous les rôles nécessaires pour rester près
d'elle (2).

(1) B. N. MSS. fr., 11,358. Rapports de Marais, p. 272-3.
(2)　　　　　—　　　　　—　　　　p. 427.

—— Une de ces petites maisons de la Barrière-Blanche est occupée en 1762 par un sr Lecomte, notaire à Paris, qui y installe une Dlle Dallency, fort jolie allemande qu'il entretenait depuis un an, le tapissier Corbin fut chargé de meubler cette maison et la demoiselle vint achever dans cette demeure le temps de sa grossesse en compagnie du sr Lecomte qui venait y coucher tous les soirs pour n'en sortir que vers les dix heures du matin (1).

—— Le prince de Conti malgré le grand usage qu'il avait des femmes se laissa prendre au bal de l'Opéra, pendant le carnaval de 1766, par la Dlle Testard, danseuse aux ballets de la Comédie-Française, et étonna tout le monde devant la faiblesse qu'il montra pour cette fille. Il est vrai qu'elle était parfaitement belle et en profitait pour tracasser le prince de toutes les façons.

« Derniérement elle lui a mit le marché à la main, parce
« qu'elle avoit appris qu'il avoit eu des familiarités avec la
« Dlle Pelin sa bonne amie, qui lui étoient préjudiciables ;
« elle a fait la jalouse, le prince a fait tout son possible pour
« l'apaiser et comptoit y être parvenu. Il étoit même parti
« pour l'Isle-Adam, mais pendant son absence ayant été ins-
« truit par le sr Guérin, son chirurgien, que cette demoiselle
« cherchait à vendre ses meubles pour s'éloigner de lui et
« s'en aller en province ; il est revenu subitement, lui a fait
« totalement le sacrifice de la Dlle Pelin, lui a fait louer une
« autre maison à la Barrière-Blanche et lui promit 1,500 liv.
« de rente sans compter 100 louis qu'il lui a donné dans
« l'instant pour ses menus plaisirs et plusieurs pièces d'étoffe
« au moyen de quoi la Testard n'a plus boudé » (2).

Leur reconciliation ne dura pas longtemps, quatre jours après on apprend que « M. le prince de Conti, fatigué de
« toutes les tracasseries qu'il essuyoit de la part de la Dlle
« Testard, s'est enfin déterminé à l'abandonner à elle-même
« et elle est rentrée dans sa classe ordinaire. C'est la Dlle Pe-
« lin, sa bonne amie, qui lui a porté le coup de grâce, elle

(1) B. N. MSS. fr., 11,358. Rapports de Marais, p. 698.
(2)   —   11,360.   —   p. 80.

« n'est cependant pas à beaucoup près si jolie, mais elle a un
« caractère complaisant et toute sa personne annonce qu'elle
« est pleine de tempérament ; en outre, elle est connue pour
« être au déduit d'un libertinage outré, et c'est ce que ce
« prince aime, car comme il ne lui reste pour ainsi dire que
« des désirs, il faut qu'une femme emploie tout l'art possible
« pour le faire parvenir à la jouissance ; enfin, quoiqu'il en
« soit, la D^{lle} Pelin a éconduit la D^{lle} Testar et journellement
« le prince l'accable de bienfaits. Testar m'a dit que pour sa
« part elle en avait tiré environ 600 louis, mais qu'il était
« faux, qu'il lui eut fait un contrat comme on l'avait publié,
« qu'il est vrai que si elle avait voulu se plier à toutes ses
« fantaisies elle en auroit tiré l'impossible, qu'au reste elle
« étoit charmée d'être libre et qu'elle préféroit sa liberté à
« l'honneur d'appartenir à ce prince » (1).

Son Altesse entretenait d'ailleurs tout un sérail dans une
autre petite maison à Pantin, on disait d'une fille quelconque :
« elle est du sérail de M. le prince de Conti » ; il passait
aussi pour un héros en amour, capable de rendre comme
Hercule les cinquante filles de Thestius, mères en une nuit ;
bientôt on sut ce que valait cette renommée et que le prince
de Conti au « moment du plaisir, sous prétexte de précau-
« tion pour sa santé, se retire et a l'air de finir son affaire
« dans un mouchoir blanc qu'il porte toujours à cet effet, et
« l'instant d'après il paroit recommencer sur nouveaux frais.
« Une femme, dernièrement, se saisit adroitement du mou-
« choir et lui fit connaître que tous ses grands airs se rédui-
« soient au mérite d'être un bon garçon serrurier, c'est-à-dire
« qu'il sait très bien limer » (2).

—— Un autre prince vint aussi habiter la Barrière-Blanche
en 1768, et ce seigneur, le prince de Guéménée, y amenait la
D^{lle} Arnould ou la D^{lle} Lenoir pour qui il avait beaucoup de
goût et souvent MM. le duc de Chartres, de Fitz James et le

---

(1) B. N. MSS. fr., 11,360. Rapp. de Marais, 6 mai 1766.
(2) B. N. MSS. fr., p. 497.

chevalier de Coigny en occupaient le premier étage avec les
D^lles Delisle et Dautrive (1).

RUE ROYALE
(aujourd'hui RUE PIGALLE

—— « Petite maison sans numéro faisant la pointe de la
« rue Royale et de la rue Blanche appartenant à la D^lle Dozias
« qui y demeure toute l'année, c'est une femme de 45 ans au
« moins, fort noire, maigre et laide qui vit là comme une
« recluse avec sa servante (2) — 1er juillet 1752. »

Quelques années plus tard, la recluse avait fait place à une
jeune artiste qui, loin d'observer cette conduite, menait
gaiement la vie, grâce aux faveurs de M. de Vougy, mousquetaire gris, il lui loua une petite maison à la Barrière-Blanche,
au coin de la rue Royale où les maçons, menuisiers, serruriers, peintres et autres ouvriers du bâtiment travaillèrent
avec acharnement pendant plusieurs semaines ; le 19 mars
1756, cette demoiselle attendait qu'elle soit logeable pour en
faire son principal domicile. La maison cotée L. 8 appartenait à M. de Saint-Germain, ex-directeur de l'Opéra (3).

La nouvelle locataire, la D^lle Masson, danseuse dans les
ballets de l'Opéra, était fille naturelle d'un nommé Mescar,
commis aux barrières et d'une sage-femme que l'on nommait
Mlle Froissard, veuve en premières noces d'un officier de
M. le Régent. Le libertinage de cette mère la fit abandonner
de sa famille, et naturellement la jeune personne dont il est
question ici fut élevée dans la plus profonde misère. Une
nommée Delaure, couturière, en prit soin du consentement
de sa mère. Là, elle reçut des leçons de danse et de chant ;
elle fit de réels progrès dans la danse et fut admise aux
Italiens. Sa jolie mine lui attira la bienveillance de M. de
Vougy qui fit des propositions à Delaure pour l'entretenir et

---

(1) B. N. MSS. fr., 11360 p. 408, 422.

(2) Bibl. Arsenal. Arch. de la Bastille, 10,252. Etat des petites maisons
situées aux environs de Paris.

(3) B. Arsenal. Arch. de la Bastille. Rapports de Meusnier, 10,237.

d'avance fit beau coup de présents et ajustements, car cette femme vendait des nippes pour fournir à tout, ne voulant pas que son élève sortît de sous ses yeux pour des pretin-tailles, mais bien pour courir à la grande fortune. Les difficultés de cette femme entendue, donnèrent à M. de Vougy plus d'envie de s'approprier la jeune personne, et ayant enfin parlé clair et montré beaucoup d'or, elle lui fut accordée. C'est alors qu'il loua cette petite maison où, paraît-il, il cueillit sa première fleur. Elle fut meublée magnifiquement avec un grand train de domestiques, il obtint que la Dlle Delaure soit congédiée, il lui en coûta un équipage qu'il offrit à sa maîtresse pour cette ingratitude. Pendant deux ans il dépensa des sommes énormes pour elle, pour être supplanté par le prince de Condé.

Cette seconde intrigue dura près d'un an, puis la Dlle Masson échut à M. le duc de la Tremouille qui, voulant se mettre du bon ton la tint aux appointements de 50 louis par mois, modique somme mais encore forte pour ce seigneur passant pour être fort ladre ; la bonne taille, la jolie figure, la beauté de sa peau et l'embonpoint séduisant de la Dlle Masson ainsi que ses bonnes qualités connues pour savoir soutirer de l'argent aux hommes ne purent arriver à faire dépenser largement le duc (1). Cette demoiselle le garde peu de temps et prend ensuite M. le comte de Rochefort. La petite maison reprend alors son aspect joyeux, des splendides repas y sont donnés. Une brouille survient suivie d'un raccommodage à grand orchestre dans la rue Royale ; le baron de Wangen, le marquis d'Aubigny, le comte de Sarsale, M. de Bauche, M. de Villemur ; les D{lles} Coupée, Veziaut, Rousse, Dubois célèbrent cette réconciliation où tout le monde se promet une tendresse éternelle à l'abri de toute infidélité, jusqu'à trois heures du matin ; on ajoute que les exploits de M. de Rochefort cette nuit-là ne durent pas être considérables, car on assure qu'il était un peu « poussé de nourriture » (2).

____

(1) Arsenal. Arch. de la Bast., 10,241.
(2) Bibl. Nat. Rapports de Marais. MSS. fr., 11,358, p. 605.

Quelque temps après, le 8 septembre 1762, la D^{lle} Masson accouche des faits de M. Davaret, beau-frère de M. de Koeslin, avec qui elle vivait depuis un an (1).

—— « Même rue Royale, maison sans numéro, appartenant au nommé Tanin, marchand papetier, rue du Jour, « vis-à-vis Saint-Eustache. Elle est à louer présentement « (1er juillet 1752).

—— « Même rue, maison sans numéro, appartenant à « M. Dourlan, louée à M. Delaunay.

—— « Autre petite maison sans numéro, même rue Royale, « appartenant à M. Molière qui l'occupe » (2).

Un rapport de police nous apprend que ces deux dernières maisons « ci-devant aux sieurs Molière et Dourlan, ont été « vendues au sieur Granval, comédien français, qui les a « réunies en une seule et qui communique par le jardin à « celle de Mlle Dumesnil, actrice au même théâtre, rue Blan- « che, avec laquelle il vit depuis plusieurs années. Cette « intrigue se soutient aux dépens de Bacchus, étant tous deux « entichés de la manie de boire à toute outrance, ils se bat- « tent même de temps en temps. Mlle Dumesnil avait acheté « sa maison 1,500 liv. à M. de Roncières » (3).

Il semble que ce rapport est plutôt médisant, car Granval et Dumesnil vécurent quarante-cinq ans ensemble, et s'il en avait été ainsi, cette existence leur aurait bientôt paru pénible.

Ils ne furent séparés que par la mort de Granval qui expira le 24 septembre 1784 « rue Blanche dans la maison de « Mlle Dumesnil, où il occupait un pavillon » (4). Les deux maisons communiquant ensemble, on dut clore l'entrée rue Royale pour faire sur la rue Blanche la principale entrée. (5).

—— « Même rue, n° 1, M. M., maison appartenant au « nommé Carignan, marchand de beurre à la Halle, qui « l'occupe toute l'année.

(1) Bibl. Nat. MSS. 11,358, p. 629.
(2) Arsenal. Arch. de la Bast., 10,252. Etat des petites maisons.
(3) Intermédiaire, tome XI, p. 550.
(4) Campardon. Les Comédiens du Roi, 1878, p. 101.
(5) Pour Mlle Dumesnil, voir : rue Blanche.

—— « Même rue, grande et belle maison sans numéro, où
« les ouvriers sont encore occupés à travailler au dedans,
« appartenant au nommé Boucher, bourrelier, rue Mont-
« martre ; le prince de Turenne s'y est présenté il y a environ
« trois semaines pour la louer, mais comme on lui a fait au
« dernier mot 1,600 liv. par an non meublée, on croit qu'il
« ne s'en est point accommodé.

—— « Même rue, petite maison sans numéro, appartenant
« au sr Casabon, bourgeois, demeurant à Paris, rue d'Argen-
« teuil, à louer présentement.

—— « Même rue Royale, autre maison appartenant au
« sr Casabon, louée depuis plusieurs années au sr Alexandre,
« cy-devant marchand de soie, rue Saint-Honoré, au coin de
« la rue des Bourdonnais, actuellement pourvu d'un office
« d'auneur, visiteur de toile à la Halle qui l'occupe avec sa
« femme et la dame Bravard, sa belle-mère.

—— « Même rue, maison sans numéro, appartenant au sr
« Lecœur, commis des parties casuelles, louée au sieur
« Robinot, fils du secrétaire du Roy, cy-devant intéressé
« dans les vivres d'Italie ; qui y est à demeure avec la Dlle Ar-
« mand, sa maîtresse » (1).

La Dlle Armand, fille d'un jardinier de la rue du Pont-aux-
Choux, vivait assez misérablement avec Robinot depuis trois
ans dans cette maison ; aussi l'occasion attendue ne tarda-t-elle
pas à se produire. Le sr Villeneuve, brasseur, lui offrit des
avantages qu'elle n'hésita pas à accepter et s'enfuit de la
rue Royale, change son nom pour celui de Julienne et va
se loger rue de la Montagne-Sainte-Geneviève, proche la
place Maubert.

Pour faire diversion, le sr Robinot essaya d'amener la
Dlle Omer dans sa petite maison, mais elle ne voulut rien
conclure qu'au préalable, il ne lui eut assuré au moins
400 liv. de rente viagère (2).

(1) Etat des petites maisons situées aux environs de Paris le 1er juillet 1752.
Bibl. de l'Ars. Arch. de la Bast., 10,252.

(2) Arsenal. Arch. de la Bast. Rapports de Meusnier, 10,239, p. 601, 10,242,
p. 104.

Salle de Bains de Mademoiselle Dervieux.

—— « Même rue, maison sans numéro, appartenant au
« s^r Drouais, peintre, occupée cy-devant par la D^{lle} Dumes-
« nil, fille entretenue autre que celle nommée la Jacobine ;
« et actuellement par la D^{lle} Petit, ancienne danseuse à
« l'Opéra, entretenue par le s^r Canelle, marchand de bonne-
« terie, rue Saint-Honoré, près le Palais-Royal, qui fait une
« bonne partie des frais de ce ménage » (1).

Cette maison cotée n° 14 est occupée quelque temps après
par la D^{lle} La Neuville, entretenue par M. Choart de Brosset,
conseiller au Parlement ; elle accoucha le 29 juillet 1755 d'une
fille baptisée à Saint-Pierre de Montmartre. Ce qui ne l'empêcha pas d'épouser l'année suivante le baron de Corbet,
gentilhomme rouennais (2).

Le s^r Drouais qui possédait cette maison la louant avan-
tageusement à des ménages irréguliers était un portraitiste fort
renommé et recherché surtout des beautés de l'époque dont
il saisissait les minauderies et le teint d'emprunt (3).

—— « Même rue Royale, maison sans numéro, apparte-
« nant au sieur de la Cude, rue de Bourbon à la Villeneuve,
« cy-devant occupée par la D^{lle} Lamarre, actuellement par
« Mme de Fleury, auparavant connue sous le nom de la
« D^{lle} Dufresne ; elle a pour pensionnaire le s^r Datilly, lieu-
« tenant aux gardes de la compagnie de M. de Bouville ; elle
« a néanmoins conservé son appartement au couvent de la
« Magdeleine, rue des Fontaines près le Temple, elle s'était
« retirée immédiatement après son mariage dans le dessein
« d'y rester deux années consécutives, ce terme vraisembla-
« blement lui a paru trop long » (4).

Cette maison située un peu plus haut que la rue de la
Tour-des-Dames eut pour locataire la D^{lle} Lamarre quelque
temps fréquentée par M. Labouxière et M. Tobiesky, grand
chambellan de Pologne ; quoique ce dernier lui fît 500 liv.

(1) Arsenal. Arch. de la Bast. Etat des petites maisons, 1er juillet 1752, 10,252,
(2) Arsenal, 10,239, p. 647.
(3) Siret. Dict. des peintres, 1883, tome I, p. 289.
(4) Arsenal. Arch. de la Bast. Etat des petites maisons, 1er juillet 1752,
10,252.

d'appointements par mois, elle lui préféra un nommé Martin, sergent simple dans la compagnie de M. de Rochegude, capitaine aux gardes françaises qui, pendant un an, s'introduisit chez elle ; il vécut là des bienfaits de cette fille ayant déjà à sa charge une petite fille de deux ans et sa mère qui avait l'air d'une vieille raccoleuse faisant recrue pour sa fille. La D^{lle} Lamarre bientôt à bout de ressources en vint à vendre ses effets dont elle faisait l'inventaire tous les jours ; enfin, le 14 juin 1752, elle part de la rue Royale et renoue avec le chambellan de Pologne qui voulut bien fermer les yeux sur sa liaison avec Martin (1).

Mme Fleury qui lui succède, avait déjà passé par les mains de MM. de Foget, du comte de Bourbonne d'Aix-en-Provence et d'un prince de Rohan, lorsqu'elle épousa le chevalier de Fleury, vieillard âgé de 70 ans, vivant frugalement dans le quartier du faubourg Saint-Marcel. Il reconnut quelques jours après son mariage quatre enfants à cette demoiselle, laquelle se retira dans le couvent de la Madeleine. Comme c'était une femme de trente ans, grande, bien faite, au nez aquilin, à la bouche trop jolie pour réciter des oremus, elle ne tarde pas à s'ennuyer dans ce célibat et vint louer la maison de la rue Royale afin d'y goûter les joies de l'adultère avec le s^r Datilly qui mangea et coucha dans cette maison ; car on le voyait fréquemment le matin à la fenêtre en robe de chambre ou bien se promenant dans le jardin sous cet accoutrement. La D^{me} Fleury conservait néanmoins son appartement à la Madeleine ; son mari ignorait qu'elle s'amusait ainsi à la campagne ou feignait de l'ignorer. Mais le prince de Rohan qui n'avait pas cessé toute relation avec elle ne comprenait pas très bien cette société, et comme il fournissait aux dépenses de la maison il résolut de se venger du parasite. Un soir que Datilly sortait de la rue Royale il le fit rosser d'importance par six de ses gens ; ce qui ne l'avança du reste qu'à faire chérir un peu plus le soldat.

(1) Arsenal. Arch. de la Bast. 1er juillet 1752, 10,240, p. 275-276.

En 1753 la D^{me} Fleury ajoute une nouvelle conquête ; l'abbé
de Ventadour, évêque de Strasbourg, sous le nom de Soubise
venait chez elle *nocturnement* au moins trois ou quatre fois
par semaine, il laissait son équipage au-delà de la barrière
et n'en sortait qu'à deux ou trois heures du matin pendant
que le s^r Datilly bien gêné de ces sortes de récréations était
obligé de faire le guet sur le pavé aux environs de la maison,
car le prince de Rohan étant toujours le seigneur attitré se
faisait craindre, surtout depuis l'aventure dont Datilly avait
été victime. Le résultat fut que la D^{me} Fleury devint grosse
des œuvres de Son Eminence et le 26 août 1754 elle déménagea
de la petite maison rue Royale cotée 15, pour aller demeurer
rue Richelieu (1).

—— A côté de cette maison, il en était une autre dépendant
de l'abbesse de Montmartre occupée aussi par une maîtresse
de M. Labouxière, une D^{lle} Marlet, danseuse à l'Opéra-
Comique, chez laquelle le fermier général venait souvent
souper, quelquefois même en sortant de chez la D^{lle} Lamarre ;
les dimanches et fêtes cette jeune artiste allait à son tour
dans la jolie maison, rue de Clichy, appelée la *Folie Labouxiere*
qui avait une sortie rue Blanche ; quand le fermier général
s'absentait, un jeune homme bien mis venait tenir compagnie
à la danseuse. La D^{lle} Marlet quitta la rue Royale en janvier
1752 pour aller demeurer rue Neuve des Petits-Champs (2).

—— « Autre maison, sans numéro, appartenant au s^r de la
« Cude, occupée cy-devant par la D^{lle} Lannoy l'aînée, louée
« depuis au prince Camille (3), qui avait fait un bail de neuf
« ans, mais il n'y est venu que deux ou trois fois et le peu
« de meubles qu'il y avait fait porter a été vendu pour payer
« le loyer de l'année entière ; ensuite le bail a été résilié en
« faveur de la D^{lle} Destouches (4) la cadette cy-devant actrice

---

(1) Arsenal. Arch. de la Bast, 10.241, p. 167. Rapport Meunier.
(2) — 10.237.
(3) Camille Louis de Lorraine qui devint en 1762 prince de Marsan. Il
était à cette époque Maréchal de Camp. La Chesnay Dubois *Dict. de la
noblesse* XII, p. 441.
(4) Il y eut deux sœurs Destouches à l'Opéra-Comique, Angélique qui y

« de l'Opéra-Comique, grosse fille blonde, d'assez bonne
« mine, âgée d'environ trente ans qui y vit avec le sieur
« Montpellier, cy-devant officier aux gardes. Elle est sœur
« de Destouches, entrepreneuse de la comédie de Bordeaux.

—— « Même rue Royale, maison sans numéro, appar-
« tenant au s^r Philibert, banquier genevois, rue St-Pierre,
« près la rue Notre-Dame des Victoires qui l'occupe dans la
« belle saison, il est garçon la D^lle Pichard y vient de temps
« en temps à la dérobée coucher chez lui (1). »

La D^lle Pichard avait une fort belle maison faubourg
St-Honoré et était entretenue par le s^r Barbereux entrepreneur des coches, elle s'échappait les dimanches et fêtes
pour venir consoler le s^r Philibert dans la maison de la rue
Royale près celle de la Rochefoucault (2).

—— Dans la même rue on voyait en 1760 sous la cote 10
un vide-bouteilles appartenant au sieur Roslé, marchand de
beurre à la Halle, lequel était occupé par la D^lle St-Claire
allemande amenée de son pays par le baron Aucher, de la
même nation, qui l'entretint quelque temps ; puis la D^lle échut
au Marquis de Villeroy qui la logea dans cette retraite pour
la venir voir tous les jours et lui envoyait les provisions
nécessaires à la vie, tout cela pour se consoler et par dépit
de la perte qu'il venait de faire en la personne de la D^lle Marquise ; celle-ci lui ayant préféré le duc d'Orléans aux appointements duquel elle passa. M. de Villeroy ne s'en tenant pas
à cette intrigue rendait aussi de fréquentes visites à la
D^lle Masson demeurant près de là (3).

—— Un peu plus haut s'élevait l'élégante bonbonnière
élevée d'après les dessins de l'architecte Bellanger pour la
D^lle Adeline, figurante et danseuse à l'Opéra dès l'âge le plus
tendre, elle avait été mise dans ses premiers meubles par

débuta fort jeune et Jeanneton qui y jouait en 1738 (Campardon. *Les Spectacles de la foire I*, p. 250).

(1) Arsenal. Arch. de la Bast. Etats des petites maisons 1 Juillet 1752-
10.252.

(2) Arsenal. Arch. de la Bast. 10.241, p. 205.

(3) B N MSS. fr. 11.358, p. 39.

M. de Selle, conseiller honoraire au Parlement ; après une rupture de quelque temps il revint auprès d'elle ignorant que le prince de Guéménée la fréquentait, et finit de se ruiner. Après lui elle continua de vivre avec le prince, réellement amoureuse, car ce seigneur ne lui donnait rien, au contraire, elle se vit dans la nécessité de vendre ses bijoux pour nourrir son amour, enfin à bout de ressources elle prend pour entreteneur en 1771 le s^r Colin, boucher et ensuite M. de Montredon, officier aux gardes françaises (1).

Son expérience amoureuse devint si célèbre qu'on publiait dans les Mémoires secrets cette annonce facétieuse : « La « D^{lle} Gonorrhée l'aînée, dite *Colombe* et la D^{lle} Gonorrhée « la jeune, dite *Adeline*, ont ouvert un cours d'expérience « priapique, tant masculin que féminin en leur demeure rue « de l'Egoût, à l'enseigne de Messaline ; elles s'y proposent « d'y résoudre tous les problèmes de l'Arétin, il y aura deux « séances par jour, les dames entreront sans payer et la « livrée en payant (2). »

En 1783 M. de Senneterre, colonel du régiment de Haynault, mourut d'une manière propre à montrer l'influence que la D^{lle} Adeline avait sur ses amants. « Il était atteint d'une « passion violente en faveur d'Adeline de la Comédie Ita- « lienne. Dans un accès de jalousie il s'était déjà donné un « coup de couteau pour elle. Ne pouvant résister à une trop « longue absence, il a prétexté d'aller chasser aux environs « de Grenoble où il était le 4 Septembre et se rendit à Paris « où il passa trois jours et trois nuits avec cette impure. Il y « a grande apparence qu'afin de soutenir avec succès une » lutte aussi longue, il avait pris des mouches cantharides ; « il revint à Grenoble atteint d'une fièvre enflammatoire à « laquelle il succomba promptement (3). »

Tout cela n'émeut pas cette fille consolée par M. de Veyme- ranges, intendant des postes et relais de France, l'entre- tenant à raison de 10.000 liv. par mois. Une petite histoire

(1) B N MSS. fr. 11.357, pag., 18, 27, 36 — 11.360, p. 433-517-601.
(2) Mém. Secrets, tom. XIV, 31 Déc. 1779.
(3)   —   tom. XXIII, 12 Sept. 1783.

amusante rompit cette intrigue le 3 Mars 1787. Le magnifique entreteneur avait marchandé un superbe attelage pour sa maîtresse sur lequel le maquignon se rendait difficile quand au prix ; le différent ne s'ajustant pas, le marchand de chevaux se rend chez la D^{lle} lui disant qu'il aime mieux traiter avec elle et que si elle veut lui accorder une nuit, les chevaux seront à elle sans contestation et qu'il les fera conduire le soir même dans son écurie. Mlle Adeline qui prend volontiers de toutes mains consentit au marché fidèlement acquitté des deux parts, mais le maquignon se rend après chez M. de Veymeranges et touche son argent sans se vanter du pot de vin ; chose qui du reste n'aurait pas été ébruitée par la D^{lle} Adeline s'il n'avait eu la langue trop longue en ayant la vanité de conter cette histoire, le bruit en vint aux oreilles de M. de Veymeranges qui profita de la circonstance pour rompre toute relation (1).

—— Dans la même rue Royale à droite en montant avant d'arriver au croisement de la rue La Rochefoucauld, la D^{lle} Camille Véronéze acquit le 11 avril 1766 une maison appartenant aux héritiers Boucher et Montabon, occupée en location par M. Gelly au prix de 1.600 liv. par an (2).

C'était une actrice du théâtre Italien, fille de Pantalon Véronèze et ayant un certain succès près des gens de la Cour.

Jusqu'au moment de sa liaison avec M. Cromot, c'est-à-dire vers 1759, la situation de Camille n'était pas trop brillante, son amant en titre était M. Bertin lorsque M. de Cromot s'en amouracha. Elle avait cependant le cœur tendre. On ajoute même que si sa sensibilité lui permit quelques faiblesses elle sut se les faire pardonner par la sincérité de son attachement (3) ; cependant malgré les cadeaux que lui fournit M. de Cromot, premier commis au contrôle général, elle ne négligeait pas ses plaisirs avec M. de Monville ; et un

(1) Mém. Secrets, tom. XXXIV, 3 Mars 1787.
(2) Arch. Nat. Contrat d'acquisition Z² 2.460.
(3) Voir pour la vie de cette demoiselle l'article très documenté de M. Mauzin dans le fascicule 7 du bulletin de la Soc. du Vieux-Montmartre.

certain M. de Vaudreuil, officier de gendarmerie, parait lui faire passer de doux moments pendant les absences du maître (1).

Devenue propriétaire de la maison de la rue Royale elle la fait rebâtir l'année suivante en 1767, et la médiocre habitation devient une coquette propriété avec jardin garni de bosquets, chambres bien meublées, salon donnant sur le jardin garni de sophas, de fauteuils fond rouge et blanc, glace avec trumeaux dorés, le boudoir tapissé et orné de rideaux de taffetas chiné, en somme tout ce que le style Louis XV apportait de gracieux et de coquet ; jusque dans sa cave où se renouvelaient cinq demi muids de vin rouge (2).

C'est là que Camille s'abandonne à tous les charmes d'une vie légère, c'est là qu'elle donne des fêtes fastueuses et des petits soupers auxquels M. Cromot se piquait d'inviter les plus libertins de ses amis. Cette vie fut hélas ! très courte et au bout d'un an elle rendit le dernier soupir dans cette même maison de la rue Royale qui avait été témoin de ses joies. Elle n'avait que trente-trois ans ; la chronique attribue la cause de sa mort « aux suites d'une vie trop « voluptueuse ainsi qu'il arrive souvent à ces demoiselles « qui aiment à la faire courte et bonne (3). »

Le 20 juillet 1768, dans la chambre à coucher aux boiseries et moulures d'or près de la chaise longue en bois sculpté, dans l'alcôve on aperçoit à travers les rideaux, sur le lit à bas piliers, le corps à jamais immobile de l'actrice que sont venus reconnaître Perrette Véronèze sa mère et Pierre-Antoine Véronèze ; dans le silence recueilli des assistants seuls les trois magots chinois, sur la cheminée de marbre, semblent rire (4).

Un service religieux commandé par M. Cromot fut célébré à l'église St-Pierre de Montmartre. Le deuil était conduit par Pierre Véronèze et par Dehesse, doyen de la comédie Ita-

(1) Journal des inspecteurs de M. de Sortines 1863, p. 259-289-304.
(2) Arch. Nat. Scellés et inventaires Z² 2452.
(3) Mauzin. Bulletin de la Soc. du Vieux-Montmartre, fasc. 7.
(4) Arch. Nat. Scellés et inventaires Z² 2452.

lienne. La plupart des camarades de Camille assistèrent à cette cérémonie. Acteurs, auteurs, seigneurs et gentilhommes voulurent donner à Cromot une marque d'amitié et rendre en même temps un dernier hommage à la mémoire de l'excellente artiste.

Monsieur de Cromot acheta, je crois, la maison de la rue Royale. Sur un plan partiel de leur voisin De La Croix à l'emplacement du terrain occupé par Mlle Véronèze figure le nom de « Cromeau » (1).

—— Sur le terrain situé à la rencontre des rues Royale et de la Rochefoucauld, l'ancien amant de Mlle Raucourt, M. le Marquis de Bièvre, avait fait construire un petit hôtel entouré d'un jardin où l'on accédait par deux portes cochères donnant sur la rue Royale, l'habitation comportait un étage et mansardes où tout le confortable ordinaire à ces demeures se trouvait rassemblé ; depuis le cabinet de travail jusqu'au boudoir et la chambre à coucher ouverte sur le jardin (2).

Le Marquis de Bièvre, célèbre par ses bons mots et son premier ouvrage paru en 1770 portant pour titre : *Lettre écrite à Madame la comtesse Tation par le sieur de Bois-Flotté, étudiant en droit-fil ; ouvrage traduit de l'anglais, nouvelle édition augmentée de plusieurs notes d'infamie, à Amsterdam, aux dépens de la compagnie de Perdreaux...*, était le petit-fils de Georges Maréchal premier chirurgien de Louis XIV, il servait dans les mousquetaires et s'acquit un certain nom par ses réparties et ses calembours. On a de lui *Vercingétorix* tragédie dont voici un échantillon.

> Il plut *à verse* aux dieux de m'enlever ces biens ;
> Hélas sans *eux brouillés* que peuvent les humains !

Toute la pièce roule sur ce ton. Bièvre valait mieux que ses calembours et même que ses ouvrages. Il était affable,

---

(1) Arch. Nat. Comparer le plan d'acquisition de Mlle Véronèze et celui de l'alignement du s^r De La Croix, 10 Nov. 1773 Z² 2460.

(2) Arch. Nat. Scellés et inventaires Z² 2454.

Le Temple de Terpsichore.

Hotel de Mademoiselle GUIMARD,

Rue de la Chaussée d'Antin.

officieux, doué d'une physionomie intéressante et d'une grande adresse pour tous les exercices de corps.

Il mourut en Novembre 1789 et sa maison devint la propriété de Mlle Félicité-Suzanne De La Croix dont les parents avaient déjà de grands terrains à Montmartre (1).

—— En 1783 la Raucourt, non moins célèbre pour les fastes de sa galanterie que pour son talent de tragédienne, devint propriétaire d'une maison rue Royale, à peu près à hauteur de la rue Victor-Massé actuelle, par acte passé à son profit par La Bluxière, homme d'affaire du prince d'Hénin qui s'en était rendu adjudicataire par sentence rendue à l'audience des criées du Châtelet. Cette demeure avait appartenu jusqu'en 1770 à Louise-Magdeleine Dorlan veuve de Lecœur, qui la vendit le 22 Mai à Louis-Léon Poudret; ce dernier la conserva dix ans, puis elle passa dans les mains de Benoist Nourrichel, avocat et greffier criminel en la Cour du parlement et, à sa mort, Antoinette Nourrichel, sa fille et son héritière, la cédait à la D^lle Raucourt (2).

A peine en possession de cette demeure l'artiste ne tarda pas à faire connaissance avec le procureur fiscal chargé de la justice de Montmartre.

Le 24 septembre 1783 elle y est appelé par Waltier, chirurgien, pour des soins donnés à Derville, domestique de la Raucourt, dont le mémoire discuté se montait à 116 l. 10 s. ; une autre fois c'est le s^r Delaye fabricant de bas de soie qui se plaint d'avoir été mordu par un des trois chiens de la comédienne et réclame 3.000 l. de dommages et intérêts (3).

Toutefois ce séjour devait assez lui plaire pour que le 2 octobre 1786 elle demandât la permission de faire construire un bâtiment sur un terrain qu'elle venait d'acquérir de François Rigler, dont elle était propriétaire à vie à côté de sa

(1) Arch. Nat. Z² 2461 le 6 mai 1790.

(2) Archives de la Seine. Lettre de Ratif. 9 Prairial an IV 7278.

(3) Archives Nationales. Audiences du bailliage de Montmartre 24 septembre 1783 Z² 2388, 22 décembre 1784 Z² 2388 et Minutes Z² 2426.

Tous les renseignements inédits sur la Raucourt donnés ici sont extraits d'un ouvrage que je prépare avec la collaboration de M. Henri Vial, intitulé : Une actrice au XVIII° siècle. — La Raucourt.

demeure, rue Royale ; autorisation qui lui fut accordée « à
« condition que le mur en sera planté à deux alignements
« savoir : le premier sur quatre toises deux pieds de lon-
« gueur à partir du bâtiment de Mlle Dumesnil, à vingt-
« quatre pieds de distance du mur de face de la maison
« construite vis-à-vis appartenant à M. de Villemblin ; le
« deuxième, sur une ligne droite parallèle et à vingt-quatre
« pieds de distance d'une ligne qui partira du milieu de ta
« jambe étrière mitoyenne entre le dit s^r de Villemblin et la
« maison dejà construite appartenant à la suppliante pour
« aller gagner le milieu de la jambe étrière mitoyenne entre
« M. Ridolet et M. Fricot et ce, sur dix toises trois pieds de
« longueur qui doivent finir à la maison du s^r Meunier.
« Défense de faire aucune gouttière saillante, ni aucune autre
« saillie ou avance sur le mur, sans une nouvelle permission
« de nous, expresse et par écrit, tenue de se conformer aux
« dispositions de notre présente ordonnance, et de la repré-
« senter à toute réquisition sous les peines portées par les
« règlements (1). »

Les travaux de menuiserie qu'elle fit faire dans cette
maison l'obligèrent à retourner au bailliage pour s'entendre
condamner à payer au s^r Jouisse, menuisier, la somme de
381 l. 11 s. (2).

Cependant ses amours allaient leur train avec le prince
d'Henin pour la partie pécuniaire et avec diverses filles du
mondes ou bourgeoises vicieuses pour son plaisir ce qui
donna lieu à la chanson suivante :

> Pour te fêter, belle Raucourt,
> Que n'ai-je obtenu la puissance,
> De changer vingt fois en un jour
> Et de sexe et de jouissance !
> Oui, je voudrais pour t'exprimer
> Jusqu'à quel degré tu m'es chère,
> Etre jeune homme pour t'aimer
> Et jeune fille pour te plaire (3).

(1) Bailliage de Montmartre. Arch. Nat. Z² 2461.
(2) Audiences du bailliage. Arch. Nat. Z² 2388.
(3) Chronique scandaleuse 1787, in-8. tom. III, p. 28.

Les bons mots ne chômaient pas non plus de la part de ses chers camarades au foyer de la Comédie-Française : un jour que Florence parlait du prince d'Henin malade de la petite vérole quelqu'un lui répondit : « Comment donc, je ne savais pas que Mlle Raucourt peignit en miniature (1). »

Un étranger de passage à Paris nous a laissé ce portrait de la Raucourt.

« Elle a une figure majestueuse, de grands yeux noirs qui,
« sous des cils épais, resplendissent comme des éclairs dans
« la nuit, des cheveux pareils à l'aile d'un corbeau, tous les
« traits du visage réguliers mais dépourvus de grâce, une
« beauté sans charme, de la sévérité jusque dans le sourire,
« une voix ferme et pénétrante (2). »

Ce qui n'empêchait pas les méchantes langues de murmurer qu'elle soutenait la tragédie « avec du champagne et ces « petits vins qu'on trouve dans le comtat d'Avignon (3). »

Pendant la révolution, elle recuillit en 1791 le prince d'Henin, qui logea dans la maison de la rue Royale comme locataire à raison de 750 liv. par trimestre. Il y fait construire une orangerie lui revenant à 1.780 liv. et d'autres embellissements (4). A la suite des représentations de « l'Ami des Lois » on fit arrêter pendant la Terreur les comédiennes du théâtre Français ; la Raucourt incarcérée à Ste-Pélagie le 3 septembre 1793 fut transférée aux Anglaises de la rue des Fossés St-Victor le 28 mars 1793, elle eut été infailliblement guillotinée si Labussière, copiste dans les bureaux du Comité de Salut public, ancien comédien, n'avait supprimé les dossiers concernant les artistes.

Sous le Directoire elle affiche, avec son amie inséparable, la D^{lle} Simonet, le luxe le plus rare. On parle de son palais de la rue Royale et de son écurie de six chevaux.

---

(1) Diderot. Corresp. littéraire, tom. XV, p. 338.
(2) Karamzine. Voyage en France 1789-1790 traduct. par Legrelle 1885 p. 122.
(3) « Les Miniatures » 1790.
(4) Archives Nationales T 580³ (3 septembre 1701).

« Un beau monde se presse les jours de gala dans son
« superbe salon aux boiseries sculptées et dorées, aux glaces
« magnifiques, aux portes à panneaux de glace, au plafond
« en ovale et supérieurement peint. Elle apprend ses rôles
« dans un nid d'étude tendu en taffetas vert, rehaussé de
« baguettes dorées ; les rejette une fois appris sur la che-
« minée de marbre bleu turquin et va se promener dans le
« demi arpent de son jardin anglais, puis elle se repose dans
« son boudoir boisé à hauteur d'appui orné d'un coquet
« papier devant la cheminée de marbre jaspé surmontée de
« glace dans toute sa hauteur. Elle reçoit la visite de tout
« Paris aux dîners et aux fêtes de la rue Royale (1). »

Sur un nouveau caprice, le 12 vendémiaire an IV, la maison
de la Raucourt fut à vendre ; à l'annonce de cette vente tous
les curieux se pressèrent pour voir la chambre à coucher et
l'alcôve formée par deux colonnes en arabesques peintes et
dorées, cherchant à pénétrer la vie intime de la tragédienne.

Enfin la maison rue Royale nº 36, composée de deux
corps de bâtiments reliés ensemble au moyen d'un escalier de communication, élevée de plusieurs étages, avec
les différents objets garnissant cette demeure, fut payée
1.200.000 liv. par contrat passé devant Boilleau, notaire à
Paris, le 15 brumaire au IV ; l'acquéreur était un suisse
d'origine, nommé Daniel Dolfus, demeurant rue des Petits-
Champs, section Lepelletier nº 9 (2).

—— Dans la même rue, sur l'emplacement de la rue
Victor-Massé s'élevait au XVIIIᵉ siècle la petite maison du
conseiller au parlement, M. Nouet, ce conseiller aimait à rire
et à s'amuser avec les demoiselles fort cotées dans le monde ;
là, il oubliait toujours le conseil du docteur Chirac : « Suivez
« vos désirs sans les exciter jamais, vous ne vous ferez
« aucun mal. Mais point de drogues et le changement est une
« drogue (3). » Malgré l'ordonnance du médecin, M. Nouet

(1) Goncourt. La société française pendant le Directoire 1864 in-13 p. 336
— Petites affiches 12 vendémiaire an IV.
(2) Archives de la Seine. Lettres de ratif. 9 Prairial an IV, 7278.
(3) Chronique scandaleuse 1791 in-12, tom. V, p. 124.

« propose aux D^{lles} Denosanger, Lavrault, Sarron, St-Martin
« et la petite De Lahaye de venir souper à sa petite maison,
« ce qui fut accepté après toutefois avoir mangé beaucoup
« de glaces (1) », le rapport ne dit pas s'il fut seul pour finir
cette soirée du 16 juillet 1762 en si nombreuse compagnie
féminine, toutefois il ne dut pas s'ennuyer et cette société
formait certainement un réjouissant spectacle.

En 1776, M. Nouet, devenu sérieux, donnait sa maison à
loyer au s^r Constant de Neuilly, écuyer et seigneur de
Neuilly-le-Dieu en Picardie, qui bientôt se plaignit au procureur fiscal de Montmartre que ses domestiques compro-
mettaient ses intérêts en prenant à crédit dans le quartier (2).

Plus tard le conseiller fit aligner sa propriété et réparer
son habitation pour la louer au s^r Rousseau, menuisier (3)
qui en fit sa maison de campagne, mais hélas ! le locataire
voulait jouir du local sans avoir à débourser, aussi fut-
il appelé à comparaître au bailliage de Montmartre sur la
plainte de « M. Nouet, chevalier, conseiller du Roy en son
« conseil et en sa cour du parlement et grande chambre
« d'icelle, propriétaire d'une maison sise rue Royale, village
« de Montmartre, par exploit fait par Page, huissier à cheval
« au Châtelet de Paris » pour s'entendre condamner à
payer la somme de 125 liv. pour un quartier de loyer
dans la maison qu'il tient du sieur Nouet échu le premier
octobre 1779 (4).

Le conseiller reprit alors sa maison et y demeurait encore
en 1788, son cocher Maurice eut le 30 janvier de cette
année, un différent avec le s^r Louis, marchand de vins, récla-
mant 259 l. 4 s. comme arrêté de compte (5). Finalement on
démolit la maison et on ouvrit une rue sur son emplacement,
qui prit quelque temps le nom de : rue Nouet (6) ; nous la
connaissons aujourd'hui sous le nom de Victor Massé.

(1) B. N. Rapports de Marais MSS. fr. 11.358 p. 757.
(2) Arch. Nat. Audiences du bailliage de Montmartre Z² 2466.
(3) Arch. Nat. Plans et alignements Z² 2461.
(4) Arch. Nat. Minutes civiles Z² 2424.
(5)   —   —   —   Z² 2427.
(6) Etat actuel de Paris en 1805, tom. I, p. 102.

MONTMARTRE

10 août 1764

« M. le marquis d'Egreville père de M. de Gamaches qui a
« pris un autre nom depuis son mariage et que je ne me
« rappelle point, a pris depuis quelques jours à ses appoin-
« tements une jeunesse fort aimable, nommée Verceuil qu'on
« a vu cy-devant circuler chez la Gourdan et autres de son
« espèce, il l'a placé dans une petite maison située à Mont-
« martre qu'il a loué de Colin le boucher et a qui elle appar-
« tient ; il vient la voir tous les jours et ne la laisse manquer
« de rien. Cette fille avec le temps fera du bruit dans le
« monde, elle a tout ce qu'il faut pour y réussir (1). »

RUE DE LA ROCHEFOUCAULD

Sur le terrain occupé aujourd'hui par la rue d'Aumale,
s'étendaient les jardins de Maximilien-Emmanuel, comte de
Vatteville, baron de Chateauvillain et autres lieux ; il avait
plusieurs propriétés à Montmartre, mais c'était là sa résidence principale et il vivait dans le corps de logis formant
pavillon, en compagnie de sept domestiques.

Lorsqu'on avait franchi la porte cochère, traversé la cour,
contourné l'édifice, on accédait dans un vaste jardin où
M. le comte vous faisait admirer la jolie statue de marbre
représentant une bohémienne, plus loin dans un petit bosquet
se dressait une Vestale et tout au fond, dans le grand bois
ombreux, s'érigeait une allégorie du silence : en revenant on
gravissait les marches de la terrasse sur laquelle une gracieuse nayade s'ébattait. Au premier étage dans le vestibule,
M. le comte de Vatteville ayant retiré son chapeau de castor
à petits bords et abandonné au laquais sa canne à pomme
d'or vous conduisait dans le salon. Là, foulant le magnifique
tapis de la Savonnerie on se reposait dans les fauteuils en
tapisserie d'Aubusson vous tendant leurs bras dorés ou bien
dans les fauteuils de canne, garnis de coussins en velours

(1) B. N. MSS. fr. 11.359. Rapport de Marais p. 448.

d'Utrecht. Le soir l'éclat des girandoles à trois branches, des flambeaux d'argent et des lanternes du plafond était modéré par des rideaux de soie verte et l'on pouvait contempler sur les consoles à dessus de marbre. les vases en verre antique ou en albâtre rehaussés d'or vert-moulu ; quand la pendule à colonne sonnait l'heure du dîner on passait dans la salle à manger tendue de cuir de couleur où, autour d'une table en bois de marqueterie s'alignaient les chaises recouvertes de moquet. Les repas étaient copieux et les vins variés, les flacons de Bordeaux, de Bourgogne, les bouteilles de vin paillé, le Grave, le Rota et enfin le Champagne abondaient dans sa cave qui recélait également quatre bouteilles... à tabac. Une fois les invités bien repus éloignés, le comte de Vatteville, s'il ne se retirait pas un moment dans son cabinet de laque entrait dans son cabinet de toilette tapissé de papier de Chine où, se trouvait tout le nécessaire pour les ablutions intimes. Enfin, sa toilette de nuit terminée, entrant dans sa chambre à coucher, il s'allongeait sur son lit à la polonaise garni d'un baldaquin à rideaux fond bleu et blanc.

Le lendemain, le jour éclairait la tapisserie des Gobelins, les tableaux à cadres dorés, la grande armoire en marqueterie de Boule, la bergère en satin bleu et les jattes en porcelaine placées sur les meubles.

M. le comte de Vatteville vivait ainsi confortablement dans cette petite maison. Il y mourut le 10 mai 1779 sans laisser d'héritiers et fut inhumé au cimetière Montmartre (1).

RUE BLANCHE

« Maison n° 1 MM (2), appartenant à M. de Rubel, employé
« dans la ferme des postes, qui occupe cette maison avec
« une dame de Caze, femme d'un homme dans les affaires,
« lequel, à ce que l'on croit, y a aussi sa demeure, sans que
« cela dérange rien. Cette maison a une sortie du côté de la

(1) Arch. Nat. Z² 2453 Montmartre, scellés et inventaires.
(2) Pour satisfaire à la déclaration du 23 mars 1728, on fit suivre les numéros des maisons des lettres M.M. signifiant, paroisse de Montmurtre (Plans des limites. Arch. Nat. Z¹ f 931).

« rue St-Lazare. proche de la maison de Magny. Elle a été cy-
« devant occupée par le comte de Maillebois et le duc de
« Duras, avant qu'ils vinssent rue Plumet, près la rue de
« Sèvres.

—— « Dans la même rue Blanche et sur le même aligne-
« ment sont trois petites maisonnettes de peu d'apparence,
« point numérotées, ny occupées, on n'a pu savoir à qui elles
« appartiennent.

—— « Même rue n° 2 MM, grande et belle maison appar-
« tenant à M. de St-Germain, cy-devant directeur de l'Opéra
« qui l'occupe avec toute sa famille. Cette maison était en
« vente l'année dernière, la demoiselle Romainville en offrait
« 20.000 liv., mais M. de St-Germain en voulait 24.000 au
« moyen de quoi le marché n'a pas été conclu (1). »

Le n° 2 de la rue Blanche servait en 1771 de petite
débauche à MM. le duc de Chartres, le duc de Lauzun, le
duc de Fronsac, Fitz-James, le marquis de Conflans, le marquis de Laval, le marquis de Clermont et le comte de
Coigny qui s'y réunissaient pour des petits soupers, ayant
bien soin d'avoir des demoiselles de compagnie sans lesquelles il n'y aurait pas eu de bonne partie (2).

—— « Même rue Blanche n° 3 MM, maison appartenant au
« sieur de la Roncière fils de la Fillion, appareilleuse en titre
« du temps de M. le duc d'Orléans, régent ; louée au sieur
« Gautier. »

—— « Même rue, maison n° 4 MM, appartenant à M. Ro-
« zières, louée à M. de Villeneuve en 1752.
« Deux ans après, octobre 1754. « Petite maison à la barrière
« Blanche n° 4 MM occupée par la D^{lle} Beauchamps et
« M. Seguier, avocat général du grand conseil. »

—— « Même rue n° 5 MM appartenant au s^r Rozières cy-
« devant occupée par la Carlier, louée au sieur Carreau et à
« la D^{lle} Daumont qui y demeure habituellement ; elle a
« cependant toujours son appartement rue Vivienne.

(1) Arsenal A. de la B. 10.252. Etats des petites maisons 1 juillet 1752.
(2) Chronique scandaleuse 1791, tom. V, p. 65.

Grav. par le Beau

En février 1754 la petite maison n⁰ 5 MM est occupée par
M. le marquis de Sailly « qui y fait des soupers avec des amis
« et des filles de la Fleurance, nommées Latour, Belnod, Fra-
« guier et la fille du suisse de M. de Lovendal qui a entrepris
« plusieurs fois de la violer quoique sa fille (1). »

La Carlier vint habiter cette demeure en 1749 lorsqu'après
avoir suivi les armées du Roi en Flandres avec « cinq ou six
« filles de grand air » elle en fut chassée par le Maréchal de
Saxe. Sa maison acquit bientôt un certain renom dans le
monde galant, elles fournissait ainsi que ses pareilles, des
filles en ville ou recevait chez elle les gentilhommes sûrs de
trouver là des femmes fraîches et jolies.

Le marquis de Paulmy, fils de Voger d'Argenson, y fréquentait et pour s'y rendre cachait l'ordre du Saint-Esprit
sous un vieux surtout de velours noir. Des ecclésiastiques
accordaient aussi leur confiance à la Carlier bien qu'elle
convint de ne pouvoir souffrir « les personnes qui manquent
à leur religion. » Ses affaires prospérant elle abandonna la
rue Blanche pour monter une nouvelle maison dans la rue
du Mail (2).

—— « N⁰ 6 MM., quatre portes de derrière dépendant de
« la maison de M. le duc de Richelieu dont la principale
« entrée est rapportée sur la rue de Clichy n⁰ 5 C.C.

—— « N⁰ 7 MM, même rue Blanche, est la porte du jardin
« et celle des écuries de la maison de M. de Labouxière,
« dont la principale entrée est rapportée cy devant sur
« la rue de Clichy, n⁰ 6 C.C.

—— « Même rue Blanche, maison et grand jardin sans
« numéro appartenant à M. de la Roncière, fils de la Fillion,
« loué à Grandval et à la Dᶫᶫᵉ Dumesnil, acteur et actrice de
« la Comédie-Française (3). »

La célèbre artiste, rivale de la Clairon, s'appelait en réalité
Marie-Françoise Marchand, née le 2 janvier 1713, elle débuta

(1) Arsenal Arch. de la Bast. 10.252. Etats des petites maisons 1ᵉʳ juil. 1752.
(2)   —   10.253. Rapports de la Carlier.
(3) Arsenal. Arch. de la B. 10.252. Etat des petites maison 1ᵉʳ juillet 1752.

au Théâtre-Français le 6 août 1737 après avoir joué quelque temps en province. Elle vécut dans cette maison quarante-sept ans avec Grandval qui d'abord occupa un pavillon rue Royale communiquant avec le jardin de Mlle Dumesnil, puis leur propriété devint commune. Voltaire vient confirmer les bruits d'intempérance qui couraient sur le couple. Il écrit au comte d'Argental le 3 juin 1762 : « On dit que Grandval « est devenu grand buveur et mauvais acteur, et que la Du- « mesnil aime passionnément le vin et Grandval. L'un « l'énivre, l'autre la bat : ses passions sont malheureuses (1). »

Quoiqu'il en soit ils vécurent ensemble sans jamais se plaindre possédant pour toute fortune les retraites et gratifications qu'ils avaient amassées pendant leur carrière théâtrale. Ils avaient fait monter dans leur maison un petit théâtre où Grandval jouait des pièces assez libres dont il était l'auteur tels que *L'Eunuque ou la fidèle infidélité* par Charles Ragot, dit Grandval, Montmartre 1750 ; *La nouvelle Messaline*, les *Deux Biscuits*, etc... représentées devant un petit public d'amateurs. Cette cohabitation dura jusqu'à la mort de Grandval ; ensuite le petit pavillon de la rue Royale fut loué à Mlle Colombre comédienne du théâtre Italien.

Voici un extrait de l'acte de location : « fut présente la « D^lle Marie-Françoise Marchand Dumesnil, pensionnaire du « Roy, demeurant à Paris, rue Blanche, paroisse St-Pierre de « Montmartre ; laquelle a par ces présentes, fait bail et donné « à loyer pour trois, six, ou neuf années... à D^lle Anne-Marie- « Thérèse Théodore (connu sous le nom de la belle Co- « lombe) (2) ... une maison, jardin et dépendances situés en « cette ville, rue Royale près la barrière Blanche. »

Les archives du théâtre français possèdent parmi quelques billets de Mlle Dumesnil, l'original de cette curieuse lettre adressée au secrétaire du comité des comédiens du roi en remerciement d'une augmentation de 1.000 liv.

---

(1) Voltaire. Edit. 1880, tom. XXXVII, p. 430.

(2) Fille de Ruggieri, née à Venise. Elle renonça au théâtre en 1788 avec une retraite de 1.500 liv.

« Monsieur et cher camarade,

« Je me faisois fête d'aller aujourd'hui à l'assemblée y
« rendre grâce à mes camarades de l'intérêt qu'ils ont bien
« voulu prendre au bienfait dont on m'a honoré, mais
« comme on dit très bien, l'homme propose, Dieu dispose, —
« j'ai gagné (car c'est mon moment pour gagner) un mal de
« gorge affreux qui m'a alarmée et qui n'était que l'avant
« coureur d'un rhûme. — Hô quel rhûme ! je ne dors, ni ne
« mange, j'ai la teste rompue et une voix... ah ! dame, c'est
« ce qui s'appelle une voix ! quand je puis m'en servir un
« instant, mes chiens en ont peur. Jugez l'effet qu'elle ferait
« à l'assemblée ! il faut donc remettre à quelques jours le
« plaisir de m'y présenter. J'ay eu très peu de fièvre jusqu'ici
« on la prévient par des soins ; je suis déterminée à me faire
« soigner si je passe encore une nuit eomme les précédentes,
« et je me flatte pouvoir promptement me mettre en état de
« vous offrir tout ce qui dépendra de mon zèle et sincère
« attachement avec lequel je suis, monsieur et cher cama-
« rade, votre très humble et très obéissante servante,

« Dumesnil.

« J'ai la voix d'un dogue irité, mais je ne mords pas, ainsi
« ceux de mes camarades qui voudront me faire l'amitié
« d'accepter ma soupe, sont bien sûrs qu'ils me feront grand
« plaisir, je ne les abreverai pas comme moi. A lundi.

« 5 novembre 1773 (1) ».

Cette invitation ne fut pas vaine, aussi la rue Blanche
vit-elle défiler nombre de comédiens rendant visite à leur
camarade.

Mlle Dumesnil ne quitta la rue Blanche qu'après la révolution et mourut à Boulogne-sur-Mer, le 20 février 1803, à
l'âge de quatre-vingts ans.

—— « A l'extrémité de la rue Royale, sur la droite de la
« maison du nommé Boucher, bourrelier, rue Montmartre
« est une petite maison appartenant à M. de Vatteville.

____

(1) Jol. Dict. critique 1872 p. 517.

« Plus loin en allant à Montmartre, sur le même alignement
« de la rue Royale, est une petite maison détachée appar-
« tenant à la D^{lle} Souris. Une autre petite maison est encore
« signalée rue Blanche, en juin 1749, occupée par M. Jansin,
« anglais, et la D^{lle} Lanois (1). »

—— Le comte de Lowendal devenu fort à la mode parmi
les *Demoiselles* fut en 1764 la terreur des petits ménages ; la
D^{lle} Cremille s'y laissa prendre et M. de Moutier son amant
devìnt furieux, puis Mme de Laforest s'éprit de ce Don Juan,
ce qui donna de l'humeur à M. de la Tour, enfin Mlle La Croix
risqua de perdre M. Pajot de Villiers pour lui. Pourtant le
bruit courait que M. de Lowendal était *antiphisicien* et qu'il
n'entretenait la D^{lle} Rozette à raison de 25 louis par mois
que pour faire diversion à cette réputation.

En 1771 la baronne de Burmann passe à ses appointements
au prix de 30 louis par mois et réussit à se faire offrir une
maison rue Blanche, cotée n° 5 dans l'état actuel de
Paris 1787, ce qui n'empêchait pas cette dame du monde, de
fournir maintes passades chez les proxénètes (2).

RUE DE CLICHY

—— « Maison au n° 2 C.C. (3) appartenant au s^r Audinet,
« maître maçon rue du faubourg Montmartre. A louer.

—— « Même rue de Clichy maison sans numéro appar-
« tenant au s^r Faget, chirurgien, rue de l'Université, près la
« Charité, occupée par lui.

—— « Même rue n° 2 C.C., maison appartenant à Madame
« Bouret, bourgeoise de Paris, louée à la D^{lle} Joli, dite
« Mme Legras, femme âgée d'environ trente-cinq ans, grande
« brune qui a été jolie, mais putain au superlatif, elle a été
« au commandeur de Guigne, ensuite à M. Bouret de Villau-

---

(1) Arsenal. A. de la B. 10.252. Etat des petites maisons le 1er juillet 1752.

(2) B. N. MSS. fr. 11.359, p. 353, 590 — 11.360, p. 543, Rapp. de Marais. Etat
actuel de Paris 1787, in-24, tom. IV, p. 20,

(3) CC. signifient, paroisse de Clichy (déclaration du 23 mars 1728. Arch.
Nat. Z^t f. 931).

« mont ; maintenant elle est à M. le marquis de Bourgade cy-
« devant munitionnaire général des vivres de Flandres et
« d'Allemagne. Il y a un an qu'elle faillit mourir d'un squir
« (*sic*) qu'elle eut dans la matrice.

—— « Même rue sans numéro, la porte ayant été recon-
« struite à neuf, appartenant à M. le duc de Grammont, qui
« l'occupe, il en a encore une à Puteaux et à St-Denis (1). »

L'hôtel de ce seigneur se trouvait en haut du la rue de
Clichy à gauche en montant, au lieu dit : la Haute borne, il
l'occupait déjà lors de ses rapports avec la D[lle] Fauconnier
en 1749 ; il paraissait aimer beaucoup cette fille, lui procurant
toutes sortes d'agréments, attentif à satisfaire ses caprices.
Un théâtre installé dans ses deux maisons de Puteaux et de
Clichy servait à des représentations légères où M. de Grammont et sa maîtresse, tenaient les principaux rôles ; il ne se
passait pas de semaine qu'il n'y eut chez lui, comédie ou
concert.

Cette liaison dura longtemps, bien que des nuages vinssent
parfois troubler leur quiétude. En 1755, le duc arrive à
minuit chez sa maîtresse, rue de la Madeleine fait un tapage
épouvantable, la maltraite et l'emmène en chemise dans sa
maison de la rue de Clichy, où malgré tous les motifs qu'elle
pouvait avoir de se plaindre pour être traitée si cavalièrement,
ils se raccomodèrent. Quelques jours après, à la Ste-Madeleine,
il lui envoie 50 louis pour sa fête et arrive en carrosse rue
de Clichy avec de la vaisselle d'argent destinée à cette D[lle],
comme cadeau ; le soir un grand feu d'artifice est tiré
dans le jardin en son honneur. La D[lle] Fauconnier, grande
brune, bien faite, âgée de 20 ans, quoiqu'ayant tout ce qu'elle
pouvait désirer avec le duc de Grammont, argent et plaisir,
puisque le duc passait pour avoir un tempérament spécial
pour la volupté, le trompait pourtant avec le beau Croi-
zet, ancien garde magasin de fourrage, qui devint son greluchon.

(1) Arsenal. Etat des petites maisons, le 1er juillet 1752. Arch, de la
B. 10.252.

Les relations de Grammont avec cette fille cessèrent
en 1752 et la demoiselle quitta le pavillon qu'elle occupait
rue de Clichy (1). Débarrassé de cette conquête, le duc fit
grand étalage snr le boulevard ; « les filles du monde » le
recherchèrent, mais lui, sans s'attacher, suivait quelquefois
jusqu'à quatre intrigues en même temps, paraissant toujours
frais et dispos.

La D^{lle} Fleury croit-elle qu'il va l'entretenir parce qu'elle
vient à sa maison rue de Clichy et qu'il la fait peindre,
quelques jours après il n'y pense plus et se fait ménager des
passades avec la maîtresse du Marquis de Duras, Mlle Beauvoisin; ou se fait amener dans sa retraite la D^{lle} Desnoyers
par la Surville, appareilleuse sous le manteau. Des parties
fines se faisaient très souvent chez lui, il y recevait le comte
Duluc et autres gentilhommes ayant soin d'y réunir plusieurs
« filles à parties » telles que les D^{lles} Parmentier, Rabatel,
etc., et leur orgie durait fort avant dans la nuit (2).

Des soirées artistiques alternaient avec les nuits de
débauche. Sur le théâtre de la rue de Clichy on vit une
représentation du *Siège de Calais* où du Rozoy, l'auteur y
remplissait un rôle ; le succès en fut maigre si l'on en croit
ce compte rendu.

—— « 29 juillet 1767. — M. du Rozoy, auteur d'un siège de
« de Calais, qu'il prétend de beaucoup antérieur à celui de
« M. du Belloy, a fait jouer cette pièce aujourd'hui chez M. le
« duc de Gramont, comme elle a été très mal exécutée, elle
« perd beaucoup à la comparaison. Il faudrait qu'elle fût
« bien mauvaise pour être inférieure à celle qui a été tant
« applaudie et tant baffouée ensuite (3) ».

D'autres fois ces manifestations sont partagées et la petite
maison de Puteaux, moins fréquentée, en raison de son
éloignement, reçoit aussi sa part d'invités.

—— « Même rue, n^o ... CC, maison appartenant à M. de la

---

(1) Arsenal. Arch. de la B. 10.238. Rapport de Meunier.
(2) B. N. MSS. fr. 11,358, p. 343, 465, 665, 739. Rapp. de Marais.
(3) Mémoires secrets, tom. III, 29 juillet 1767.

« Bouxière, fermier général, laquelle a deux sorties sur la
« rue Blanche, nº 7 MM. (1). »

M. Charles Francois Gaillard de la Bouxière, un des fermiers généraux, fit en 1749, acquisition d'une maison et jardin
sis aux Portes Blanches, appartenant à M. Alexandre-Jean-
Joseph Le Riche de la Popelinière qui lui-même l'avait acquis
du sr Roulle (2).

Le père du nouveau propriétaire de la rue de Clichy,
homme de modeste condition, après avoir été laquais devint
valet de chambre d'un seigneur qui, pour le récompenser de
ses services, lui fit donner de l'emploi dans les domaines et
contrôles des actes des notaires, matière à laquelle il s'attacha
si bien qu'en peu de temps son habileté fut reconnue supé-
rieure, puis il occupa le poste de directeur de cette partie
dans différentes provinces et put obtenir une charge de sous-
fermier ; enfin il fut nommé fermier général de la régie de
Charles Cordier, en 1721, sous M. Pelletier de la Houssaye. Il
fut maintenu dans sa place au bail de Pierre Carlier en 1726
et successivement par MM. Orry et Machault dans les baux
suivants, jusqu'à celui de Jean Girardin qui commença le
1er octobre 1750 ; à cette époque il se retira dans sa maison
de Gagny. Son fils qui avait travaillé avec lui et collaboré
longtemps à ses travaux eut sa survivance (3). Leur richesse
était considérable ; aussi le pavillon élevé rue de Clichy
a-t-il été longtemps cité comme un des plus beaux monu-
ments d'architecture existant à Paris. Construit sur les plans
de Charpentier, architecte du roi, il se trouvait à 40 toises de
l'entrée du côté de la rue de Clichy et à 100 toises de la rue
Blanche, il en avait 13 de façade et 14 sur les côtés latéraux ;
c'était donc, perdu dans un vaste jardin, qu'on apercevait ce
pavillon construit à la romaine et d'ordre ionique, décoré de
pilastres et couronné d'une balustrade ; le porche était sou-
tenu par quatre colonnes du même ordre, élevées sur un

(1) Arsenal. Arch, de la B. 10.252. Etat des petites maisons 1752.

(2) Arch. Nat. Zª 2458.

(3) B. N. MSS. fr. 14.077, p. 49 cf. Bulletin de la Soc. du Vieux-Montmartre,
1ᵉʳ semestre 1901 « Les Tivolis ».

magnifique perron (1), donnait accès dans une grande entrée où de chaque côté se trouvaient les offices et les cuisines. Au premier étage ou, pour parler comme à l'époque « au bel étage », resplendissaient les sculptures, peintures et dorures ; la première pièce, grande salle circulaire avait nom « salon d'été », elle était entièrement revêtue de marbre et magnifiquement décorée de huit pilastres corinthiens aux bases et chapiteaux de bronze doré ; ensuite on accédait dans un salon octogone dit « à l'italienne » donnant, à droite, sur la chambre à coucher, et, à gauche, sur le salon d'hiver ; au fond, on trouvait une pièce ronde appelée le « salon de stuc ». Du salon d'été cinq portes vitrées conduisaient sur un perron embrassant toute la largeur du bâtiment ; de là, par dessus les bosquets, les pelouses ornées de corbeilles et de bandes de fleurs, on découvrait tout Paris. Dans le jardin, aux allées taillées en pommiers et en palissades, s'érigeait la statue d'Apollon entourée de douze tilleuls en arcades, puis plus loin vingt-sept de ces arbres formaient une vaste rotonde ; au bassin de l'orangerie s'élevait la statue d'Andromède et à l'extrémité, un petit bois ombreux donnait sa note sauvage à ce parc bien entretenu sous la direction de M. Cramer. Il avait su rendre ce séjour si agréable que toute la cour voulut le visiter suivant l'exemple de la reine et des princes qui vinrent admirer ce chef-d'œuvre (2). Au fond de cette retraite, le fermier général recevait aussi une compagnie moins haut placée; les pensionnaires de la Hecquet, procureuse, venaient se réjouir et s'ébattre dans cette propriété, les D^lles Alexandrine et Julie surtout étaient fort assidues (3).

En 1788, M. Foulon devint propriétaire du pavillon Labouxière; puis, en 1806, dans une vente passée devant Mre Chodron notaire, le comte de Greffulhe en fit l'acquisition (4). Ce fidèle partisan des Bourbons redonna un nouvel

(1) Thierry. Le Voyageur à Paris, 1781 tom. I, p. 141.
(2) B. N. Dép. des Estampes. Lerouge, Recueil de Jardins.
(3) B. N. MSS fr. 11.358 p. 785, 811, 846.
(4) Arch. de l'Enregistrement, ancien sommier foncier (Rue de Clichy).

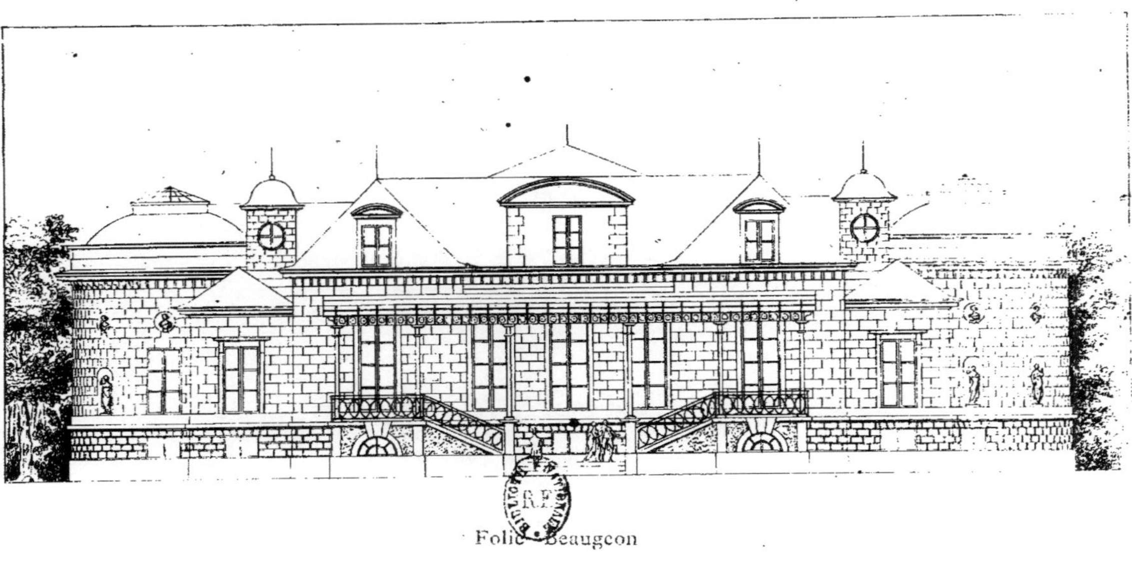

Folie Beaugcon

éclat à l'ancienne propriété du fermier général, il reçut dans ces salons qui avaient vu la Cour du XVIIIᵉ siècle, toute la haute société du commencement du XIXᵉ.

Après la mort du comte de Greffulhe, arrivée le 23 février 1820, ses héritiers partagèrent le domaine et louèrent le pavillon de la rue de Clichy au nommé Robertson qui en fit un jardin public sous le nom de Tivoli (1). Son emplacement occupait tout le périmètre compris entre le boulevard extérieur, la rue Nouvelle, la rue de Clichy et la rue Blanche.

—— « Même rue de Clichy, nᵒ 5 C.C., maison appartenant « à M. le duc de Richelieu, laquelle a quatre sorties sur la « rue Blanche, nᵒ 6 MM. (2). »

La petite maison du duc de Richelieu se trouvait sur l'emplacement occupé aujourd'hui par le Casino de Paris. Le célèbre don Juan du XVIIIᵉ siècle, celui même qui avait donné cette vogue aux petites maisons, faisait de cet endroit son quartier général pour ses entreprises amoureuses. Là, il inaugura les repas *adamiques* un jour qu'il offrit à Mᵐᵉ de Duras de venir avec son amant Charlus (3), souper en partie carrée. Mᵐᵉ de Duras qui ne regardait point l'amour comme un sentiment mais un plaisir, avait soin d'éviter la contrainte, le mystère et tout ce qui peut rendre une passion triste ; elle accepta la partie du souper et elle y porta la joie et le libertinage, en compagnie de Mᵐᵉ de Villeroi, maîtresse de Richelieu. « La chaleur du jour avait été « excessive, les quatre amants l'avaient senti. Richelieu « proposa de souper nus ; la proposition est acceptée « aussitôt que faite. Les mets les plus exquis, les vins les « plus rares animaient les convives. Le Duc, voyant avec « quelle facilité sa première proposition avait réussi, en fit « une autre qui prouvait qu'il était plus libertin que tendre : « ce fut de changer de maîtresse. Charlus qui aimait de bonne « foi fut d'abord révolté à cette proposition. « Quoi ! vous

---

(1) Courrier de l'Europe, 18 sept. 1811 cf. Bulletin de la Soc. du Vieux-Montmartre, 1ᵉʳ semestre 1901 : Les Tivolis.

(2) Arsenal. Arch. de la B. Etat des petites maisons, 1ᵉʳ juillet 1752, 10.252.

(3) Le comte de Charlus.

« vous piquez de constance, lui dit Richelieu. Vous êtes fou.
« La constance met l'âme dans une espèce d'esclavage, il n'y
« a rien de si insipide que d'attendre toujours son bonheur
« du même objet ; chaque figure mérite un tribut qu'on ne
« peut lui payer que par l'inconstance. » Il prit ensuite
« Charlus du côté de la vanité, il lui fit entendre que les
« hommes supérieurs devaient être exempts de préjugés en
« principes de galanterie. M. de Richelieu était l'oracle de la
« jeunesse brillante ; on avait beau être né constant, on avait
« beau être satisfait de sa maîtresse, on avait envie d'imiter
« celui qu'on regardait comme le héros de la galanterie.
« Charlus regarda Mme de Duras ; elle riait de son embarras ;
« et Charlus ne voyant dans ses regards nulle inquiétude, se
« rendit. On n'eut aucune peine à faire comprendre aux
« femmes l'avantage d'un pareil troc : il se fit au conten-
« tement des parties ; les hommes crurent devoir la com-
« plaisance de leurs maîtresses à l'excès de leur amour ; les
« femmes furent flattées de voir leurs amants revenir à
« elles après une épreuve si dangereuse à la passion. L'his-
« toire fut sue, approuvée et eut depuis des imitateurs (1). »
Richelieu était certainement le plus cynique des petits
maîtres ayant commencé fort jeune dans la galanterie ;
à quinze ans « on le mit à la Bastille pour avoir glissé sa
« main sous la jupe de la jeune duchesse de Bourgogne qui
« était penchée sur le balcon de Marly, cette noble demoiselle
« eut sans doute pardonné si on ne l'avait vu (2) ». Malgré
ces débauches, il était bien en Cour et le Roi daigna venir
jusqu'à sa maison de Clichy pour y souper en compagnie de
la Marquise de Pompadour (3). Plus tard avec l'âge, ses
amours ne furent plus si faciles, l'argent lui devint nécessaire pour ses conquêtes ; un jour même il mit en gage
« son épée et un St-Esprit enrichi de diamants sur lesquels
« on prêta 20.000 liv. » cela pour la Dlle Delorme qui passa

---

(1) Rulhiere. Anecdotes sur Richelieu. Edit. par Asse. 1890, p. 18.
(2) Imbert. Chroniq. scandaleuse III p. 145, 1890, in-8.
(3) Journal du Mis d'Argenson 1864, in-8, tom VI, p. 20.

ensuite à M. Civis des Forges, ministre plénipotentiaire du
duc de Modène (1). Richelieu s'abouchait alors avec la Surville, dite la Mulle, veuve d'un garde de la Connétablie,
ancienne ouvreuse de loges passant pour revendre à la toilette, demeurant rue du Mail, pour entretenir ses plaisirs
secrets; elle s'était d'ailleurs fait une clientèle parmi les gens
de la Cour tels que le duc de Duras, le duc de Coigny, M. de
St-Foix, M. de la Lande et M. de Villeneuve.

C'est à cette femme qu'il dut la possession de la Dlle Rozette, âgée de 18 ans, belle comme un ange; de la Dlle Clauze
également très jolie; par un indiscret nous pouvons savoir
ce qui se passait entre eux dans le pavillon de la rue de
Clichy:

« Le Maréchal après avoir pris ses ébats, suivant son
« usage, c'est-à-dire après l'avoir gamahuchée près d'une
« heure, car sans contredit c'est un des plus grands gama-
« hucheurs du royaume, et s'être fait définitivement manua-
« lisé lui a donné huit louis d'or et la Dlle La Mulle reçut
« trois louis pour lui avoir procuré cette bonne partie (2). »

A cette époque le galantin n'était plus le sémillant séduc-
teur de jeunes filles, il se vautrait dans la basse débauche et
apparaissait comme une vieille momie desséchée, puant le
musc, débris ridicule d'un autre âge; mais il gardait encore
sa belle humeur et on le vit à un petit souper en compagnie
de quatre dames présentes, rire aux éclats, on lui demanda
la cause de cette hilarité. « Je me rappelais, répondit le duc,
« qu'autrefois j'avais eu le bonheur d'être reçu dans le lit de
« chacune de vous, aujourd'hui je ne puis plus que vous le
« dire (3). ».

Il continua jusqu'à l'extrême vieillesse la vie qu'il avait
toujours menée se contentant de surprendre « par le trou
« d'une porte, la Villers et sa négresse qui se passaient bien
« de lui (4). »

(1) Arsenal. Arch. de la B. 10.238 p. 272. Rapports de Meunier.
(2) B. N. MSS. fr. 11.360 p, 43, 11.359 p. 704.
(3) Imbert. Chronique scandaleuse I, p. 41.
(4) Manuel. La police dévoilée an II, p. 335.

—— « Même rue n⁰ 4 C.C., maison à M. Jannelle, con-
« trôleur des postes, qui l'occupe.

—— « Au coin des rues de Clichy et de la rue St-Lazare,
« pour aller à la barrière Blanche, est le pavillon, jardin,
« maison et dépendances de Magny, cabaretier, qui en fait
« différents usages ; on sait que souvent on y joue à des jeux
« de hazard et qu'il s'y fait de grosses pertes (1). »

Le cabaret Magny se trouvait situé exactement sur l'emplacement occupé aujourd'hui par le square et l'église de la
Trinité ; son propriétaire avait su allier ses intérêts et son
commerce au goût du jour. Les grands jardins de son établissement étaient ornés de bosquets clos par un épais feuil-
lage, formant de charmantes retraites remplies d'ombre et de
mystère ; les salons du pavillon aménagés soigneusement
pour les galants tête-à-tête, servaient aux petits soupers fins
des gentilshommes de passage ou à ceux trop malheureux qui
ne pouvaient s'offrir le luxe d'une petite maison. L'urbanité,
la complaisance et la discrétion du maître de la maison en
avaient fait un établissement fort recherché des financiers et
des riches particuliers en quête d'un endroit discret pour y
passer un moment en compagnie galante. Les étrangers
surtout y fréquentaient ; un jour ce sont MM. Dorlac et Cha-
vanne, hollandais, qui vont y souper avec les Dlles Marquise
et Testar ; une autre fois c'est M. Nitelé, anglais et M. Bro-
melay amenant comme bonne fortune la Dlle Lacroix, des
Italiens, ou bien le Marquis de Boisjelin et M. Lefranc, chevalier de Malte (2); enfin toute la petite noblesse se presse
chez Magny toujours accueillant et favorisant les intrigues
amoureuses. C'est ainsi que le Marquis de Seignelay, sans
doute habitué de la maison, fit dire à la dame Bourdet, blan-
chisseuse, qui avait une jeune fille âgée de dix-sept ans, très
jolie, de la lui amener ; cette femme pressée par la misère y
consentit et le Marquis l'ayant trouvée à son goût les engagea,

(1) B. de l'Arsenal. Etat des petites maisons le 1ᵉʳ juillet 1752. Arch. de
la B. 10.252.
(2) B. N. MSS. fr. 11.359 p. 132, 158, 388. Rapports de Marais.

l'une et l'autre à venir souper avec lui le même jour, chez
Magny, à la barrière Blanche ; le marché fut conclu et le
lendemain la mère et la fille « allèrent acheter différentes
« nippes (1). »

Magny avait aussi une autre clientèle plus secrète parmi
les ecclésiastiques en rupture du vœu de chasteté ; malheu-
reusement le lieutenant général de police, M. de Sartines,
toujours curieux de savoir ce qui se passait dans ces sortes
de maisons, les faisait surprendre. Alors, le commissaire et
l'inspecteur n'hésitaient pas à venir troubler de joyeux ébats
pour constater le délit.

C'est ainsi que le lundi 16 juillet 1763, le commissaire
Martel et l'inspecteur Marais se présentèrent chez Magny, à
l'enseigne de la Grande-Pinte, montèrent au premier étage
dans une chambre ayant vue sur la cour et trouvèrent en
compagnie d'une fille publique, nommée Desgrez, deux
ecclésiastiques attablés devant un copieux repas. Cette entrée
intempestive saisit fort les convives qui se préparaient à
finir autrement la soirée. Le commissaire et l'agent ayant
interrogé les délinquants dressèrent le procès-verbal suivant :

« Le premier nous dit se nommer René-Anne-Hippolite de
« Brilhac, natif de Paris, prêtre du diocèse de Rennes, com-
« mandeur de l'ordre de St-Lazare, demeurant à Paris, rue
« Gaillon, paroisse St-Roch, qu'étant ce jourd'hui sur les
« huit heures du soir dans le jardin du Palais Royal avec le
« sieur Rolland, son ami, prêtre du diocèse de Genéve, ci-
« présent, ils y ont trouvé ladite Desgrez, qu'ils ne connais-
« saient pas, et sont venus avec elle dans un carrosse de
« place, au cabaret où nous sommes a dessein de souper et
« de s'amuser avec elle, et qu'avant de se mettre à table, lui
« sieur répondant s'est amusé avec ladite Desgrez par des
« attouchements charnels sur la gorge, et a le dit sieur de
« Brilhac signé avec nous notre minute.

« Le deuxième dit se nommer Jean-Nicolas de Rolland,

(1) B. N. MSS. fr. 11.360 p. 3, 43, 52. Rapp. de Marais.

« âgé de 45 ans, natif d'Annecy en Savoie, prêtre du diocèse
« de Genève, étant à Paris actuellement et logé à l'hôtel de
« Lambesc, rue du Four, paroisse St-Eustache, qu'il est venu
« dans un carrosse avec ledit sieur de Brilhac et ladite Des-
« grez au cabaret où nous sommes, à dessein d'y souper
« avec ladite Desgrez et de s'amuser avec elle, ce qu'il a fait
« étant dans ledit carrosse par des attouchements charnels
« qu'il a fait sur la gorge et les cuisses de ladite Desgrez et a
« signé avec nous notre minute (1). »

Les deux prêtres penauds et confus ne furent relaxés que lorsque leurs dires eurent été vérifiés.

Ces désagréables descentes de police étaient rares au cabaret de la Grande-Pinte ; Magny sachant arranger toutes les choses, conservant une grande réserve et tenant son cabaret d'une façon décente s'attirait par le bon renom de son établissement, une clientèle spéciale de gens en bonne fortune.

Magny mourut âgé de 68 ans, le 27 juillet 1771 (2), peu de temps après avoir vendu sa maison au fameux Ramponeaux qui avait cédé lui-même à son fils le célèbre cabaret du Tambour Royal, rue St-Maur, à la Courtille.

Ramponeaux en prenant possession de la Grande-Pinte en changea l'aspect et le débit, il y fit faire pour 60.000 liv. de constructions (3) et le discret établissement transformé en bruyante guinguette fut envahi par les gardes françaises et les filles des Porcherons. Les gens de cour néanmoins n'étant pas fâchés de s'encanailler un peu, venaient aussi chez Ramponeaux voir la foule joyeuse dont ils avaient vaguement entendu parler et parfois ils y menaient leurs dames costumées en grisettes boire le vin a 3 s. 6 d. la pinte; souvent les intrus étaient mal accueillis ; alors les langues se déliaient, on les traitait de *coulis, d'emplâtre, marionnettes de pilori, farauds, débauchés;* les femmes avaient aussi leur part

(1) La chasteté du clergé dévoilée ou procés-verbaux des séances du clergé chez les filles de Paris. Trouvés à la Bastille, Paris 1790 II, p. 178.
(2) Jal. Dict. critique 1872, pag. 1040.
(3) Hurtaut et Magny. Dict. Historiq. 1773 t. II, p. 606.

d'injures: *gueuses à crapaud, coffres à graillon, bassinoires de corps de garde, Mamzelles Vénus qui se marient aux premiers venus, pucelles de la rue Maubuée, pâtes à tout le monde, gueules à tous grains, etc.* Les dimanches et jours de fêtes, des bandes joyeuses suivaient le boulevard, montaient la Chaussée-d'Antin, connue alors sous le nom de rue de la Grande-Pinte, et s'engouffraient chez Ramponeaux vider pots et gobelets.

Marie-Barbe Georges, seconde femme du cabaretier fit les honneurs de l'établissement jusqu'à sa mort qui eut lieu rue St-Lazare, le 7 brumaire an III.

La vogue des Porcherons et du cabaret de la Grande-Pinte avait cessé depuis la Révolution ; Jean Ramponeaux âgé alors de 70 ans se remaria une troisième fois avec Foi-Espérance-Charité Chenard, ayant 68 ans ; enfin fatigué, il se retira dans la maison du docteur Belhomme, rue de Charonne, n° 70, où il mourut (1).

Ainsi finit cet ancêtre de nos cabaretiers Montmartrois. L'établissement fut alors morcelé et des maisons de rapport s'élevèrent à sa place. En 1840, il restait du cabaret d'antan trois accacias chargés de grappes blanches formant une charmante tonnelle qui cachait l'entrée d'un obscur marchand de vins ; puis en 1851, les derniers vestiges de la Grande-Pinte furent de nouveau rasés en vertu d'un décret du 22 sept. pour édifier l'église de la Trinité (2).

—— Dans la même rue de Clichy, presqu'en face le cabaret Magny se trouvait un immense terrain traversé aujourd'hui par la rue de Londres, acheté par M. Boutin, trésorier de la marine, qui eut l'idée de faire sur ce vaste emplacement un jardin irrégulier et pittoresque dans le genre anglais. Sur la rue St-Lazare il fit construire son hôtel d'apparât et dans le parc, un petit pavillon qui donnait sur la rue de Clichy, servait à ses réunions intimes (3). Dans ce bâtiment carré

(1) Jal. Dict. Critique 1872 p. 1040.
(2) Lefeuve. Les Anciennes Maisons de Paris 1849, in-8, t. IV p. 232 et Lazard, Dict. administratif 1849, in-8, article. *Eglises.*
(3) Janzé (A. de). Les financiers d'autrefois 1886 p. 227.

contenant une belle copie du *Gladiateur*, statue de marbre blanc de M. Guyard ; M. Boutin avait installé un cabinet de minéralogie dans lequel ses collections rassemblées avec goût en faisaient une charmante salle d'étude (1). Le grand succès de cette demeure fut surtout dans la disposition du jardin, aussi en juin 1773 ne parlait-on à la Cour et à la Ville que du jardin de M. Boutin, baptisé Tivoli (2). L'abbé Delille, amateur de jardins, chanta ainsi les beautés de Tivoli :

> Tel que ce frais bouton
> Timide avant coureur de la belle saison,
> L'aimable Tivoli d'une forme nouvelle
> Fait le premier en France entrevoir le modèle (3).

L'engouement fut complet, chacun voulut avoir, ne fût-ce qu'en miniature, ses rochers, ses ruines, ses prairies et sa petite rivière sinueuse (4). Les jardins, par une bienveillance du financier, étaient ouverts à la curiosité des étrangers qui, malgré cet accueil cordial ne se gênaient pas pour en critiquer l'aspect ; le mordant correspondant de Mme Du Deffand, Horace de Walpole, nous en a laissé une humoristique description :

« La mode des jardins anglais fait ici des progrès étonnants
« quoiqu'assez peu rapides, car je n'en ai vu littéralement
« qu'un seul et encore il ressemble exactement à la carte
« d'échantillons d'un tailleur. C'est un monsieur Boutin qui
« a relié un morceau de ce qu'il appelle un jardin anglais à
« toute une série de terrasses en pierres avec des degrés de
« gazon. Il y a trois ou quatre montagnes fort élevées exac-
« tement pareilles pour la hauteur et pour la forme à un
« pudding aux herbes. Vous voyez faufiler entre elles une
« rivière qui serpente par des angles obtus dans un chenal
« de pierre et alimentée par une pompe : quand il y viendra

(1) Thierry. Le voyageur à Paris 1787, in-8, t. I, p. 141.
(2) Mémoires secrets, tom. VII, p. 20. le 20 jnin 1773.
(3) Delille. Les Jardins, 1782 in-4.
(4) Janzé (A. de). Les financiers d'autrefois, 1886 p. 227. Voir pour tout ce qui concerne la Folie Boutin, le fascicule du Vieux-Montmartre, 1er semestre 1901, intitulé « Les Tivolis ».

La Maison de gauche, est l'Hôtel du Roule, tenu par la Paris.

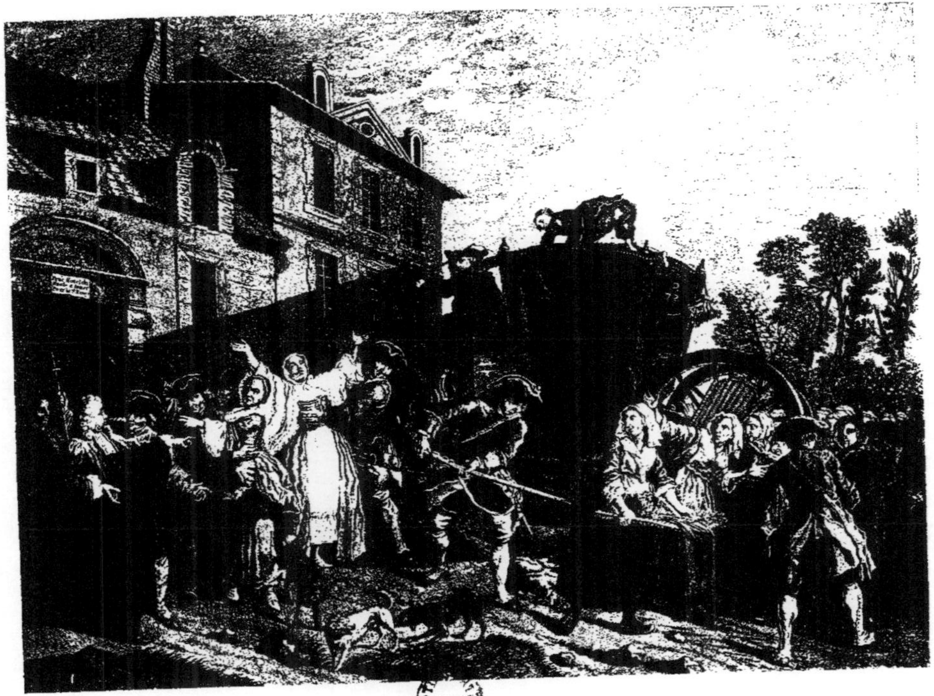

« des coquilles de noix, je suppose qu'elle sera naviguable.
« Dans un coin renfermé par des murs de craie, se trouvent
« les échantillons dont j'ai parlé ; il y a une bande de gazon,
« une autre de blé, une troisième en friche, exactement dans
« l'ordre où sont rangés les lits dans une chambre d'en-
« fants (1). »

Malgré ce ton de raillerie, la Folie Boutin, ainsi appelait-
on cette propriété, par son étendue permettait une imitation
de la nature moins puérile et Walpole en exagère certainement le ridicule.

Deux jolis parterres mêlés de fleurs ornaient la façade de
la maison, les murs étaient masqués à droite et à gauche par
des marronniers dans lesquels se trouvaient de jolies
volières renfermant chacune une paire de pigeons rares ;
plus loin la ménagerie voisinait avec la laiterie au milieu de
laquelle un jet d'eau retombait sur une table de marbre
circulaire donnant une sensation délicieuse de fraîcheur, la
vacherie et le jardin anglais finissaient la symétrie du genre
régulier. Ensuite l'aspect changeait, par des chemins dé-
tournés une rivière serpentait entourant deux îlots : on rencontrait dans cette promenade des cascades, des buttes, des
ponts, un tombeau antique accompagné de cyprès, une ber-
gerie (2). Des serres ingénieuses où le feu savamment disposé
arrachait à la terre les fruits des Antilles, de la Chine et de
l'Indoustan, des bosquets formés d'arbres d'espèces singulières (3) offraient aux promeneurs un coup d'œil splendide.

Mme Vigée-Lebrun, dont le bon goût ne peut-être contesté
en parle dans ses *Souvenirs* avec enthousiasme.

Le propriétaire de la Folie Boutin, devenu receveur général
des finances recevait dans son pavillon de la rue de Clichy,
non pas de ces demoiselles faciles, ni de ces petits maîtres
débauchés si répandus sous le règne de Louis XV, mais une
société choisie, lettrée, se réunissant le vendredi ce qui les
fit appeler les *Vendredins*, Brongniart, Mme Vigée Lebrun,

(1) Janzé (A. de), Les financiers d'autrefois 1886, in-8, p. 221.
(2) Lerouge. Recueil de Jardins. Bib. Nat. Estampes petit in-fol.
(3) Grimod de la Reynière. Le Censeur dramatique an V, tom. I, p. 77.

7

l'abbé Delille, le comte de Vaudreuil, M. Lebrun, etc. faisaient partie de cette réunion aimable et légère. D'amusants soupers eurent lieu dans la petite bonbonnière de Boutin, où sans morgue et sans prétention présidait l'esprit de Mlle Quinault ; où la gaîté saine exerçait son irrésistible empire lorsqu'après le repas, les assidus se promenaient à petits pas sous les allées ombreuses du parc (1).

Pendant la Révolution, Boutin ayant été prendre les eaux à Bath muni, dit-on, des passe-ports les plus réguliers, fut considéré comme émigré et tenu pendant cinq ou six mois en arrestation chez lui avec des gardiens à sa charge ; transféré à l'hôtel Talaru, puis le 30 Messidor, à la Conciergerie, il fut condamné à mort par le tribunal révolutionnaire du 4 Thermidor an II (2). Après son exécution, la République fit apposer le sequestre sur ses biens et notamment sur la maison de Tivoli portant le numéro 353 de la rue de Clichy (numérotage révolutionnaire) estimée 216.000 francs. Devenue propriété nationale, la Folie Boutin fut louée le 18 Nivôse an III, au citoyen Gérard Desrivières, membre de la Convention et Député au Conseil des Anciens, moyennant la somme de 9.075 francs par an (3).

Le nouveau propriétaire imagina d'y donner des fêtes publiques qui eurent pendant le Directoire un succès énorme. Tivoli ! c'était le jardin unique, le jardin où l'on allait, le jardin où l'on disait avoir été, où se donnaient rendez-vous, Incroyables et Merveilleuses, Mme Tallien et sa cour. Après être repassé entre les mains des héritiers Boutin qui le louèrent à divers entrepreneurs de spectacles, Tivoli, dont le succès allait décroissant, fut vendu à une compagnie de spéculateurs, MM. Hagermann et Sylvain Mignon, qui obtinrent l'autorisation, par une ordonnance royale en date du 2 février 1826, d'ouvrir sur cet emplacement une rue portant le nom de ruede Londres (4). Les travaux commencèrent

(1) Grimod de la Reyniére, le Censeur dramatique an V, tom. I, p. 76-77.
(2) Moniteur universel, Reimp. t. XXI p. 327.
(3) Arch. de la Seine. Sommier général des propriétés nationales 1er arrondissement p. 167.
(4) Lazare. Dict. adm. des rues de Paris 1849, in-8, p. 483.

la même année, une nouvelle voie remplaça les jardins dont on parlait depuis 1773 et des maisons s'élevèrent sur ce terrain jadis foulé par la gracieuse société de l'ancien régime.

RUE DU HOUSSAY
(Aujourd'hui la partie de la rue Taitbout comprise entre la
rue de Provence et la rue de la Victoire).

La maison portant le n⁰ 25 de cette rue en 1788, avait été élevée en 1762 par M. Ménage de Pressigny, fermier général, demeurant rue Poissonnière (1), il fréquentait beaucoup les petites maisons, entr'autres celle de M. Pellion située Barrière Blanche où les D^lles Sarot, Siam et Lacour, danseuses, en faisaient les délices. Le champagne même arrivait en caisse et après un feu d'artifice tiré dans le jardin, on continuait la débauche jusqu'au jour (2). A la suite d'une de ces soirées M. de Pressigny, fils de M. de Maisonrouge, enleva la petite Lacour et la logea rue du Houssay ; le bruit courait bien que M. de Sabran l'avait « déjà ulcérée », mais de Pressigny n'y regardait pas, paraît-il, de si près « lui-même a, « dit-on, grand besoin de se purger le sang et plus d'une « belle en a ressenti les cuissons, c'est ce qui fait qu'il s'est « adressé à cette jeune enfant sans expérience et qui s'est « laissée éblouir par le clinquant de son équipage, elle paraît « mériter un autre sort, si toutefois il est dû à une jolie figure, « car il est difficile d'en trouver une plus agréable. Le s^r de « Pressigny la tient chez lui et lui fournit succintement ses « petits besoins. » Huit jours après la petite Lacour, qui ne pouvait se faire au caractère tracassier de son amant, le quitta. Le fermier général pour se consoler prit la D^lle Dascher, âgée de 19 ans, d'une fort jolie figure ; « il lui donna « 20 louis par mois et les gens qui sont de mystère assurent « que tous deux vont faire une retraite de deux mois dans « la petite maison du Monsieur, à la Barrière Blanche, pour la

(1) Arch. Nat. Z² 2459. Permission de bàtir. — Etat actuel de Paris 1788 in-24, tome IV p. 86.
(2) B. N. MSS. fr. 11.358. Rapp, de Marais p. 676.

« purification de leur santé par les soins du s^r Kezer.
« Corbin, tapissier, doit meubler richement cette maison. »
La nommée Vierval prit la suite de cette demoiselle (1), et
pendant vingt ans, les filles se succédèrent chez M. de Pressigny, sans jamais s'y attacher.

RUE DE LA VICTOIRE

Monsieur le prince de Soubise, alors amant en titre de
Mlle Dervieux, danseuse à l'Opéra, fit en 1770, l'acquisition
de terrains sur la rue de la Victoire et d'après les dessins de
Brongniart, on construisit sur cet emplacement un merveilleux petit hôtel, situé entre cour et jardin, décoré sur les
deux faces ; celle du côté de la cour, d'ordonnance corin-
thienne et l'autre, donnant sur le jardin, formait un avant corps
de forme sphérique dont l'attique se rehaussait d'un bas-relief,
véritable chef-d'œuvre artistique. M. Bellanger, premier architecte du comte d'Artois, chargé du jardin, en avait fait une
promenade pittoresque offrant des sîtes agréables (2).

M. le prince de Soubise à cette époque, se mettait en frais
pour ces demoiselles et ses dépenses devaient monter considérablement si l'on en juge par cet aperçu de compte : « M. de
« Soubise vient de faire un arrangement avec Mlle Audinot.
« au lieu de 3.000 liv. par mois qu'il lui donnait, il lui donne
« 1.200 liv. pour ses menus plaisirs et 1.200 à sa mère pour
« les dépenses de la maison ; il fait le même marché avec la
« Dervieux. Il n'y a que Mlles Costé et Guimard à qui il donne
« 3.000 liv. (3). » Si l'on ajoute les intrigues passagères du
prince, on peut voir qu'il consacrait une somme respectable
pour ces dames. Quant à la Dervieux, elle multipliait aussi
ses subsides par le nombre de ses amants choisissant les plus
généreux et leur cotisation lui permettait de faire bonne figure
parmi les dames du monde. On voyait, dans ce que l'on peut
appeler sa troupe dorée, Milord Bintting dont les dépenses
alarmaient son banquier Lambert, le comte de Warkowski,

(1) B. N. MSS. fr. 11.358, p. 690, 809 — 11,359, p. 732, 738.
(2) Thierry. Le Voyageur à Paris 1787, tom. I p. 145.
(3) B. N. MSS. fr. 11.357 p. 23. Rapport de Marais.

le chevalier de Launay, le maréchal de Richelieu a qui elle rendait plus de visites qu'elle n'en recevait, M. Marquet de Peyre qui envoyait à son adresse, au jour de l'an, des girandoles de valeur et le duc de Chartres un collier de diamants ; enfin le Marquis de Fitz James beaucoup moins généreux que les précédents. Un nommé Laval, maître de ballet, coqueluche des filles de l'Opéra, lui faisait oublier ses multiples intrigues, ne lui offrant que son amour.

La Dervieux, en femme avisée ne se laissait cependant pas prendre sans arguments sonnants, même pour le duc d'Albe qui lui fit dire que si elle voulait passer à son hôtel un matin il lui ferait le cadeau qu'elle voudrait, cette parole ne lui suffit pas, elle trouva la proposition trop vague. « Ce qu'elle voulait « c'était 6.000 francs. Elle ne déjeunait pas à moins (1). »

Les bonnes fortunes de la Dervieux fit bien des jalouses, Mlle Guimard surtout enviait ses succès amoureux ; sur son instigation on adressa les vers suivants à la séduisante pécheresse :

J'suis un milord
Tout cousu d'or
Arrivant d'Angleterre
J'veux connaître le plus fameux bordel
Hélas ! dites-moi dans lequel

* *

Chez la Dervieux
Aux beaux yeux bleus
Chez sa putain de mère,
Comment entrer
Se présenter
Comment faire pour lui plaire ?

Du tac au tac, on répondit à la Guimard :

Actrice au pays des pantins,
Dévote et courant l'aventure,
Buvant du vin contre mesure,
Devant à Dieu comme à ses saints,
Elle se fait bâtir un temple,
Sur le fronton de son hôtel
On mettra pour servir d'exemple
A la déesse du bordel.

(1) Manuel. La police dévoilée, tom. II p. 117.

Guimard en tout n'est qu'artifice
Et par dedans et par dehors
Otez lui le fond et le vice
Elle n'a plus ni âme ni corps (1).

Bellanger assidu chez la D^{lle} modifiait souvent son installation, la salle de bains et les boudoirs surtout attiraient l'architecte qui en avait rendu la décoration splendide.

En 1789, la Dervieux, à l'apogée de sa gloire de courtisane, fréquentait le comte d'Artois; puis, par des circonstances dues à la Révolution, elle épousa l'architecte Bellanger (2).

—— Non loin de cette demeure, dans la même rue de la Victoire, une petite maison abritait une autre pécheresse non moins courtisée, mais pourvue régulièrement d'un mari, M. de Saint-Julien, receveur général du clergé, qui du reste se souciait peu des intrigues de sa femme ne s'embarrassant pas de sa conduite.

Demeurant rue de Valois, Mme de Saint-Julien trouvait à sa petite maison de la rue de la Victoire des plaisirs d'autant plus désirables qu'ils étaient défendus. Elle entourait de prévenances un M. Fontaine, gentilhomme servant chez le roi pour qui elle avait un tendre attachement, sans compter le comte de Maillebois qui suffisait à ses dépenses, le prince de Soubise et un jeune homme de fort jolie figure ayant été secrétaire de M. le maréchal de Coigny, nommé Bernard, que nous connaissons sous le nom de Gentil-Bernard. Voltaire a laissé de Mme de Saint-Julien cette image :

L'esprit, l'imagination,
La grâce, la philosophie ;
L'amour du vrai, le goût du ton
Avec un peu de fantaisie ;
Assez solide en amitié,
Dans tout le reste un peu légère :
Voilà je crois sans vous déplaire
Votre portrait fait à moitié (3).

(1) Goncourt. La Guimard 1893 in-12 p. 62.
(2) Lefeure. Les anciennes maisons de Paris 1873 t. II p. 377.
(3) Larchey. Journal des Inspecteurs de M. de Sartines 1863 p. 249, 253, 256.

Mme de Saint-Julien, paraît-il, jurait comme un charretier, dînant en peignoir même avec des évêques qu'elle invitait, elle se permettait devant eux :

> Ce mot des français révéré :
> Mot énergique au plaisir consacré
> Mot que souvent le profane vulgaire
> Indignement prononce en sa colère (1).

Sa jolie bouche savait donner à ce mot une telle grâce, que sa rudesse disparaissait, excitant au contraire les auditeurs.

CHAUSSÉE D'ANTIN

—— Un peu plus haut que l'hôtel Montmorency, la Guimard fit élever un hôtel rival de celui de la Dervieux, construit sur les plans de Le Doux, que les souverains étrangers, en leur séjour à Paris, vinrent visiter. « C'était « le Temple de Terpsichore dont le porche décoré de « quatre colonnes, au-dessus desquelles un groupe isolé « représente Terpsichore couronnée par Apollon ; groupe « en pierre de Conflans, de 6 pieds de proportions sculpté « par M. le Comte, sculpteur du Roi et derrière ces colonnes « en bas-reliefs : le triomphe de la Muse de la Danse montée « sur un char trainé par des Amours entourée par des « Bacchantes et des Faunes et suivie des grâces de la choré- « graphie, deux faunes jouant des cymbales, indiquent par « leurs mouvements, la danse de caractère (2). »

Au-dessus de la porte d'entrée était une jolie salle de spectacle, au plafond peint par Taravel, peintre du roi. Aménagée pour contenir en son parterre, en ses loges ouvertes ou grillées, cinq cents personnes, c'était un chef-d'œuvre du genre. Les appartements, galants et riches, formés d'une chambre à coucher pour le repos, d'un salon pour le plaisir et d'une salle à manger pour la gaîté, dans laquelle deux vasques portées par des groupes de naïades, donnaient

(1) Imbert. Chronique scandaleuse 1791 tom. V p. 104.
(2) Thierry. Guide des amateurs 1787 I p. 147.

la fraîcheur de leurs eaux jaillissantes. Jusqu'au jardin qui quoique petit avait son cachet nouveau.

L'ouverture du théâtre particulier de la Guimard devait avoir lieu pour la représentation de la *Partie de chasse de Henri IV* et la *Vérité dans le vin*, au commencement de décembre 1772, c'était une fureur pour se procurer des billets et ce jour d'inauguration fut un triomphe ; cette compagnie composée d'hommes de la plus grande distinction, comptait deux princes du sang : le duc de Chartres et le comte de Lamarche ; en femmes, une assemblées de filles du plus joli minois, toutes « radieuses » de diamants.

Ce succès dura jusqu'au moment où la Guimard, commençant à sentir l'âge, résolut de se débarrasser de cette demeure ; elle eût l'idée originale de la mettre en loterie, elle obtint qu'on ne mit pas d'opposition sur cette *tombola* qui devait avoir 2.500 billets à 120 livres le billet. Le lundi, 22 mai 1785, l'hôtel était gagné par la comtesse de Lau, porteuse d'un seul billet qui revendit l'hôtel 500.000 francs au banquier Perrigaux ; ce fut là que M. Jacques Laffite commença sa fortune (1).

—— M. de Monville eut aussi son habitation de plaisance dans cette rue, il y recevait le procureur du roi, le maître des requêtes M. de Joinville, en compagnie des D^{lles} Desmartz et Alexandre. Quelquefois aussi ses réceptions étaient plus intimes, lorsqu'il avait la visite de Mme de Beauregard ; mais le nègre qu'il avait à son service et la concierge, moins discrets, racontaient ces mystérieuses entrevues à l'inspecteur de police chargé de renseigner le lieutenant général sur toutes ces petites intrigues (2).

RUE DE L'ARCADE

Au n° 12 de cette rue, le prince de Soubise possédait un hôtel lui servant d'annexe et de petite maison, dans lequel il entretenait un véritable sérail peuplé de charmantes houris.

(1) Goncourt (Ed). La Guimard 1893 in-12.
(2) B. N. MSS. fr. 11,359 p. 63. -- Imbert. Chronique scandaleuse an II. t. V p, 328.

Champin del.

ANCIEN CHATEAU DE BOULAINVILLIERS.

Cette maison était remarquable par ses décorations intérieures, la salle à manger surtout, décorée avec autant de magnificence que de goût, rassemblait les chefs-d'œuvres des sculpteurs à la mode (1).

Parmi les nombreuses femmes venant chez le prince de Soubise, la Marquise de l'Hopital pour laquelle il eut un caprice, faisait profiter le sieur Clairval, comédien au Italiens, des bienfaits qu'elle en recevait ; elle meublait l'artiste, l'entretenait de bijoux et de vêtements aux frais de son amant (2).

La vie de débauche et de luxure que le prince menait dans cet hôtel, lui valut un pamphlet sous forme de lettre à propos du rôle indifférent qu'il joua dans la banqueroute du prince de Guiménée son petit-fils ; en voici un extrait :

« En vain par vos larmes hypocrites vous avez paru vous
« montrer sensible à mes malheurs ; en vain vous vous êtes
« pendant quelque temps éclipsé d'un théâtre, sanctuaire de
« vos plaisirs ; et auquel vous reparaissez en sultan vétéran ;
« la source de vos pleurs est tarie ; vous bravez tout et ne
« cherchez à remédier à rien.

« Oubliez, abandonnez votre petite maison si célèbre dans
« les fastes du libertinage où l'innocence a si souvent gémi
« et retournez dans votre palais, où la vue du portrait de vos
« ancêtres vous ramènera peut-être à des sentiments dignes
« d'eux. Ces réflexions vous sont adressées par un infortuné
« que la mort va bientôt délivrer des horreurs où l'on réduit
« les atrocités de vos petits enfants et qui, s'il se peut va
« porter au-delà du tombeau le sentiment qui l'anime (3). »

RUE BASSE DU REMPART

Mlle Astraudi, actrice de la Comédie-Italienne, logeait à l'ancien n° 7, dont M. Champeron, conseiller à la cour des aides, amant de Mlle Ramont, était le principal locataire. Elle fit la conquête de M. Pajot de Villiers qui entretenait alors la

(1) St-Fargeau. Dict. historiq. de la France 1847, tom. III p. 152.
(2) L. Larchey. Journal des Inspecteurs de M. de Sartines 1863 p. 255.
(3) Mémoires secrets, tom. XXVIII p. 206, 217. Mars 1785.

D^{lle} La Blottière ; il vint partager avec la comédienne non seulement sa couche mais aussi son appartement ; l'on prétend même qu'il se maria clandestinement en l'avantageant de 40.000 livres qu'il reconnut avoir reçu d'elle.

Elle avait d'abord été la maîtresse du comte d'Egmont et dans ses amours ne fut guère fidèle, le comte la corrigea d'importance pour l'avoir trouvé couchée avec le Chevalier de Bonnac. Ensuite M. d'Etiolles devint son amant, jusqu'au jour où il la surprit aussi en flagrant délit avec le baron de Breteuil, puis le duc de Montmorency acheta ses faveurs ; vinrent ensuite le sieur Le Féron, le baron de Bresle, Thiroux de Montregard, le comte d'Egreville, guidon de gendarmerie ; enfin elle échut à M. Pajot de Villiers. Sa renommée de courtisane était telle, qu'il circulait sur la D^{lle} Astraudi, cette chanson sur l'air : *Votre cœur aimable aurore :*

Astraudi dans son jeune âge
Des catins prit la leçon.
Nature la fit peu sage,
Sans cesse aussi la voit-on ;
Au sein du libertinage
Prêter à chacun son c..

Donnezau pour la passade
Fut par elle trouvé bon.
Vitgagnon quoique très fade
Parvint à ce beau tendron ;
Et Le Normand le maussade
Lui paye le greluchon.

Arrogante, jacassière,
Sa voix aigre comme un chat,
Suffisante minaudière,
Le dos bossu, le pied plat ;
Sans esprit, sans caractère,
Indécente avec éclat.

Plus gueuse que Messaline
Aussi maigre qu'Alecton
Jamais la plus grosse p...
Ne remplit son vaste c..
Et vingt fois dans la cuisine
Elle eut recours au pillon.

Le diable plein de malice,
Suscita cette putain
Pour prêcher partout le vice,
Tourmenter le genre humain.
Et la fit mauvaise actrice
Pour ennuyer son prochain.

Mlle Astraudi, malgré son nom et son emploi à la Comédie-Italienne, ne parlait pas italien, en 1753 elle fait sa rentrée à ce théâtre « sous la condition que dans le terme d'un « an elle se mettra en état de parler italien. » Elle était alors âgée de 23 à 24 ans « grande, bien faite, blanche, les yeux « assez beaux, le visage long. » Elle eut plusieurs petites maisons entr'autres une à Chaillot, proche la Croix, due a M. le comte d'Egmont, une à Vaugirard où elle fut installée par le duc de Montmorency et une autre, rue des Amandiers, louée par M. Le Féron ; jusqu'au moment où elle épousa « très canoniquement » M. Pajot de Villiers, vers 1756, « on « assure que la cérémonie s'en est faite, incognito, pendant la « nuit en présence de quatre témoins seulement, dans « l'église de la Magdelaine, paroisse de la Ville-l'Evêque (1). »

—— M. de Crussol « jeune homme âgé de 28 à 29 ans, mal « sur ses jambes, marchant mal, se tenant de même et ayant « la vue extrêmement basse est celui qui fait le plus de « dépenses (2) » avait sa petite maison, dans la rue Basse du Rampart, n°s 16-18, propriété achetée plus tard par Mozzanino, qui eut pour locataires la spirituelle duchesse d'Abrantès et la comtesse Berthier ; enfin le baron de Mackau, père de l'amiral, y rendit le dernier soupir et le peintre Viardot l'habita sous l'Empire (3).

—— Au n° 20, autre petite maison, avec un escalier dérobé tout en glace, allant de la cave jusqu'au deuxième étage ; un petit boudoir, miroir aussi de tout son long sur lequel des fleurs étaient peintes, fut occupé par la belle Mme Récamier

(1) Arsenal. Arch. de la B. 10.235 pages 58-107.
(2) Arsenal. Arch. de la B. 10.239 p. 353.
(3) Lefeuve. Les anciennes maisons de Paris 1873, tom. I p. 36,

qui y recevait la brillante société du commencement du XIXe siècle. Dans ce boudoir, une baignoire, cachée par une trappe et un tapis, était incrustée dans le plancher de ce réduit donnant sur le boulevard, et au-dessus, se dissimulait une soupente, comme pour servir de refuge à l'amant surpris. Sous Louis-Philippe, on ouvrit dans cet asile, qui recéla le mystère de la vie de Mme Récamier, un joli magasin de joallerie tenu par Maurice Meyer joallier de S. M. (1).

—— A l'ancien n° 68 de la rue Basse du Rampart existait une maison démolie en 1843, qui fut avant 1789 le rendez-vous de tout ce que la cour, l'épée, la finance avait de jeune, de riche, de brillant en hommes à la mode. C'était une maison coquette, construite toute exprès pour l'intrigue, toute composée de dégagements secrets, de couloirs obscurs, d'escaliers dérobés et autres recoins mystérieux. Elle était habitée par la D^{lle} Duthé, célèbre dans les fastes de la galanterie, surtout depuis l'honneur qu'elle avait eu de donner les premières leçons de plaisir à M. le Duc de Chartres qui fut plus tard Philippe Egalité, ce qui l'avait mis en grande vogue. C'était une blonde fadasse, d'une figure « moutonnière » qui n'annonçait aucune pétulance, aucun esprit, mais — à la mode — c'est tout dire, quoique bête à faire plaisir. Son appartemeut se composait de quatre pièces, d'un grand salon formant demi-cintre et d'une terrasse, donnant sur le boulevard, qui était l'endroit préféré où Mlle Rosalie Duthé s'y montrait presque tous les jours. Là, assise sur une causeuse, elle étendait sur un tabouret le pied le plus élégamment chaussé ou appuyée sur un bras complaisant, elle faisait admirer le mol abandon de sa taille. M. de Genlis, bien que marié à une des plus belles femmes de la cour, trouva le moyen de se ruiner pour elle qui, sentant la ruine venir, le remplaça par Milord d'Aigremont qu'elle admit à sa couche moyennant 1.000 louis pour la première nuit et 1.000 écus par mois.

(1) Lefeuve. Les anciennes maisons de Paris 1893, tom. I p. 36.

Chez elle se tenait une cour brillante qui n'avait d'égale
que la cour galante du prince dc Soubise rue de l'Arcade.

Le compositeur Blangini succéda à la fameuse courtisane
et le temple de l'amour devint le temple de la musique (1).

FAUBOURG SAINT-HONORÉ

« Février 1755 ; petite maison du rempart Saint-Honoré
« n° 10 occupée par le comte de Frise qui y soupe souvent
« avec M. le duc d'Orléaus, le marquis de Livry, le marquis
« de la Vaupalière et des filles à qui on donne à chacune
« 24 livres (2). »

—— La D^lle Pichard, demeurant sur le boulevard près la
porte Saint-Honoré, vis-à-vis le corps de garde, vivait aux
gages du s^r Beckwelt, banquier, lorsqu'il lui arriva cette
aventure :

« Trois garçons bouchers se sont arrêtés à sa porte qui
« donne près le Roule, vis-à-vis le corps de garde de la rue
« Saint-Honoré. Un d'eux a écrit avec la pointe de son cou-
« teau à la porte de la dite D^lle : Bordel public.

« Sa femme de chambre avec la garde ont couru après ;
« celui qui avait écrit s'est sauvé mais on a arrêté un de ses
« camarades que l'on a conduit avec le laquais de la
« D^lle Pichard et un homme de sa part, chez le commissaire,
« qui les a renvoyé sans vouloir les entendre. Le rapport
« ajoute qu'elle n'a pas pu aller elle-même parce qu'elle était
« en travail d'enfant (3). »

Trois ans après elle demeurait encore dans cette maison,
mais sa liaison avec M. Beckwelt était rompue ; enfin ayant
passé quelque temps avec le s^r Philibert, banquier genevois,
rue Royale, où elle allait souvent le trouver ; elle s'attacha
au s^r Barbereux, fermier dcs coches. La D^lle Pichard quitta le

(1) Gérault de Saint-Fargeau. Dict. géograph. de la France 1847, tom. III
p, 167.
Lefeuve. Les anciennes maisons de Paris 1873 t. I p. 39. Mémoires secrets
1772, tom. VI. Septembre 5.
(2) Arsenal. Arch. de la Bast. 10.252. Etats des petites maisons.
(3) —   —   —   10.241. Rapp. de Fontaine, p. 203.

Faubourg Saint-Honoré pour aller à la Courtille, puis en 1754, rue de Cléry (1).

—— « Mme Du Roncelet demeure faubourg Saint-Honoré à « la porte, sur le boulevard, dans une maison neuve, attenant « le corps de garde, vis-à-vis de celle qu'occupait la dame « Pichard laquelle est présentement tenue par la dame « Dubois. quant à la D^lle Pichard elle demeure actuellement « à la barriére de la Courtille dans une petite maison déta- « chée où elle détaille et donne à jouer au Pharaon. »

Cette dame, veuve du s^r Du Roncelet, banquier, qui possédait équipage et toute une maison montée était entretenue par M. Boutin, fils aîné du receveur général des finances. Elle déménagea peu après pour aller rue Basse du Rempart (2).

—— Rue d'Aguesseau, près le faubourg Saint-Honoré, dans une maison neuve appartenant à M. le Marquis de Bacqueville, composée d'un seul étage et d'une mansarde, demeuraient la D^lle de Montballier, se disant veuve d'un officier de chez le roi, et ses trois filles, l'une âgée d'environ 15 ans. l'autre de 13 à 14 ans et la dernière de 10 ans. La famille vivait là, aux frais de M. Le Maître de la Martinière, trésorier général des fortifications, qui fut fort étonné un jour de voir la maison vide, la D^lle disparue avec ses filles et les meubles saisis par les créanciers de la Montballier ayant environ 100.000 liv. de dettes sur le pavé de Paris.

La maison fut alors achetée au s^r de Bacqueville par le s^r Prévost (3), et occupée en 1755 par M. Joly, grand audiencier, époux de Mlle Dupleix.

—— Le marquis de Duras s'enterrait tous les jours avec la D^lle Montansier dans une petite maison faubourg Saint-Honoré, à la petite Pologne, louée au s^r Leroy, marchand de beurre. Toute la famille du marquis s'irrita de cette conduite et ses amis même le blâmèrent d'abandonner sa femme, la

(1) Arsenal. Arch. de la Bast. 10.241. Rapport de Meunier, p. 205.
(2) — — — 10.328. Rapport de Meunier, p. 213. et 10.252, Etats des petites maisons.
(3) Arsenal. 10.242 p. 359-60. Rapport de Meunier.

fille du comte de Noailles, qu'il venait d'épouser ; les seuls
fidèles qui fréquentassent encore M. de Duras étaient le
sr Dubarry avec la Dlle Beauvoisin et M. de Froulay ; encore
ce dernier, en payant le loyer du 1er janvier 1762 à Brissaut,
prête-nom de la maison, lui dit qu'il n'y mettrait plus les
pieds ne voulant pas passer aux yeux de la famille de M. le
marquis de Duras pour avoir partagé son libertinage. Il
paraît même que l'on jouait gros jeu, le sr Dubarry sachant
y rassembler bonne et nombreuse compagnie de débauchés et de joueurs (1).

Après cette liaison, le marquis se remit pourtant avec les
siens sans que cela l'empêchat de voir journellement la
Dlle Adélaïde. de l'Opéra, chez la maîtresse du prince de
Bourmonville (2).

—— Le comte de Rochefort était renommé dans le monde
galant pour sa générosité envers Mlle Du Harlay a qui il offrit
une paire de boucles d'oreilles de 3.000 liv. et un collier de
20.000 liv. pour paraître, ornée de ces présents, à la Comédie-
Italienne et exciter l'envie et l'admiration de ses bonnes amies.
Pendant que le comte la couvait des yeux, elle s'aperçut de
l'ascendant qu'elle possédait sur le cœur de ce seigneur et
ne voulut rien accorder qu'il ne lui eut donné un tapis de
damas et 800 liv. de rente viagère, plein de désirs le comte
accepta puis une fois, l'envie passée, ses serments s'évanoui-
rent (3).

Pour nouvelle emplète il se chargea de la Dlle « Louison
« Bizet qui reçoit les bienfaits de MM. Darnay et Mercier,
« fermiers généraux, et pour couper court à la complaisance
« de M. son père, perruquier en chambre, qui trouvait bon
« qu'elle allât tous les jours se prostituer chez la Gourdan ;
« le comte la tient dans sa petite maison du faubourg Saint-
« Honoré, non seulement pour l'éprouver, mais aussi en
« attendant qu'il lui ait fait meubler un petit appartement.

---

(1) Larchey. Journal des Inspecteurs de M. de Sartines. 1863 p. 85.
(2) B. N. MSS. fr. 11.359, Rapports de Marais, p. 588.
(3)   —   —   11.358, pag. 745, 867.

« Son intention est de lui donner 15 louis par mois pour ses
« menus plaisirs et de défrayer en outre sa garde robe, car
« pour la table elle mangera toujours chez lui et M. son père
« aura 5 louis par mois à condition qu'il ne la verra point,
« il reste à savoir si cette fille pourra se priver de voir un
« petit greluchon nommé Le Roy, metteur en œuvre, qu'elle
« aime à la folie (1). »

Huit jours après les choses se gâtèrent : « M. Mercier,
« fermier général, qui n'a jamais perdu cette Dlle de vue
« depuis son enfance, ayant appris qu'elle était à la petite
« maison de M. le comte sous le nom de Duvivier, s'est
« transporté dans son équipage et pour se donner plus
« de relief, il l'a fait demander par un de ses domestiques
« vestu de la livrée du Roy ; le portier a qui cela en a
« imposé, sans réflexion lui a fait dire qu'un Monsieur
« demandait à lui parler ; elle est descendue aussitôt pour
« voir ce qui ce pouvait être. Sa surprise a été grande
« lorsqu'elle a vu que c'était M. le Mercier ; à peine avaient-
« ils ouvert la conversation que M. de Rochefort est arrivé
« demandant à M. le Mercier ce qu'il souhaitait d'un air fort
« sec, le financier interdit lui répondit qu'il connaissait
« depuis longtemps cette Dlle et qu'il était venu pour lui
« demander des conseils et la féliciter sur sa prochaine
« fortune, mais M. le comte n'est pas un homme à se laisser
« surprendre, lui a dit pour toute réponse : — Monsieur,
« Mlle est libre elle peut se retirer et vous aussi — aussitôt
« il est rentré dans ses appartements, il est étonnant qu'il se
« soit conduit avec tant de modération. Cette Dlle a quitté
« M. Mercier pour courir après M. le comte qui ne voulait
« plus la voir a été forcée de revenir au fermier général qui
« l'attendait et l'a prise dans son carrosse (2). »

Le mois suivant M. de Rochefort vint faubourg Saint-
Honoré avec la Dlle Laforest qu'il prit sur le pied de 1.000 liv.
par mois dont il paya le premier d'avance « comme cela se

(1) B. N. MSS. fr. 11.359. Rapp. de Marais 496.
(2)   —   —   11.359. Rapp, de Marais, p. 504.

Louise & Magdeleine Lany, Pensionaire du Roi.

pratique » mais au bout de quinze jours il abandonna la partie n'aimant pas à partager avec le s^r De Pierme « qui la guerluchonnait. » Ensuite la D^{lle} Lafond, actrice aux Italiens, la D^{lle} Huss cadette, la D^{lle} de Villefort, la D^{lle} Jeannette se succédèrent, montrant l'esprit volage de M. le comte de Rochefort (1).

—— La D^{lle} Sabatier, en avril 1752, possédait une petite maison, faubourg Saint-Honoré, en deça de la première barrière qui sépare ce faubourg d'avec le Roule, dans une demeure à porte cochère à côté d'une pension à gauche, en allant au Roule. Occupant toute la maison, dont les appartements étaient richement tapissés de satin des Indes blanc brodé en or et soie, représentant toutes sortes d'animaux, fauteuils et tapis de même étoffe, elle avait équipage et faisait grande figure aux frais de M. le comte de Saint-Florentin, lui coûtant près de 50.000 liv. (2).

Elle demeurait auparavant dans le même faubourg, rue de la Madeleine (actuellement rue Boissy-d'Anglas) où elle fut remplacée par un personnage important, l'abbé de Noroyne, commandeur de l'ordre de Saint-Lazare et paraît-il, descendant des rois d'Aragon et prince de Méliaport. C'était un bel homme, grand, bien fait, âgée d'environ 30 ans qui, touché des malheurs d'une demoiselle Agnès Sauvage. la retira de l'hôpital pour la mettre dans cette petite maison, louée à un parfumeur de la rue Saint-Denis, nommé Lecomte, au prix de 1.200 liv. par an. L'abbé y fit une dépense considérable afin de pouvoir y loger aussi. Tout en conservant sa liaison avec la D^{lle} Agnès, il allait voir tous les soirs sa belle voisine Mme Salvador qui lui remontrait inutilement le ridicule qu'une pareille liaison jettait sur sa conduite, l'abbé se souciait si peu de ses conseils que sa maison devint bientôt un petit sérail; son valet de chambre, Gautier, en même temps son interpête, avait aussi sa maîtresse dans la maison, femme d'un soldat aux gardes ; un autre particulier le

(1) B. N. MSS. fr. 11.359, pag. 525, 578, 706.
(2) Arsenal. Arch. de la B. 10.243. Rapp. de Meunier, p. 202.

marquis de Songeac y logeait également avec la fille du jardinier. Toute la dépense de la maison roulait sur le compte de l'abbé (1). Cette bande joyeuse s'envola un mois après, remplacée aussitôt par la D^{lle} Mainville, menant grand équipage et montrant une maison montée sur le pied d'une personne possédant 40.000 liv. de rente. M. le comte de Coubert, son maître et seigneur, fils de M. Bernard doyen des doyens des maîtres de requêtes, ne bougeait pas de chez elle, venant la trouver dans un petit équipage léger, mené par de lestes chevaux blancs ; il entrait de la sorte dans la cour et ne se retirait que vers les 2 ou 3 heures du matin. Ce qui n'empêchait pas cette D^{lle} de voir le marquis de Flavacourt son greluchon.

Elle quitta la rue de la Madeleine en 1752 et Mme de Laleu, femme du notaire et fille de M. Du Tartre, doyen de cette compagnie, vint habiter la maison.

En 1757 Mlle Mainville y reparut, entretenue alors par le Chambellan de Pologne (2).

—— A hauteur de la rue de l'Arcade, à l'endroit dit « la petite Pologne », derrière l'église de la Madeleine, une maison appartenant au nommé Leroy, marchand de beurre, louée au terme de Noël, en Août 1752, était occupée par M. le comte de Clermont et la D^{lle} Le Duc (3) qui y firent faire des augmentations et embellissements.

Nous avons déjà vu ce couple rue de la Roquette et M. Cousin a fait un ouvrage très documentée sur la vie et les amours de M. le comte de Clermont, toutefois je crois pouvoir donner ici cette chanson inédite.

Chanson sur M. le comte de Clermont, prince du sang à l'occasion de Mlle Le Duc, danseuse à l'Opéra, sa maîtresse, laquelle a succédé à la Camargo :

> Tout le public vous rit au nez,
> Monsieur l'abbé ;
> Tout le public vous rit au nez.

---

(1) Arsenal. Arch. de la Bast. 10.242. Rapp. de Meunier, p. 393-395.
(2)　　—　　　—　　　—　　10.238. Rapp. de Meunier, p. 669.
(3)　　—　　　—　　　—　　10.252. Etats des petites maisons.

C'est une farce
De voir une garce
Dans un beau char, où vous la promenez.

. .

Qui l'aurait jamais deviné,
Monsieur l'abbé ?
Qui l'aurait jamais deviné
Qu'une donzelle
Tourna la cervelle
Au petit fils du grand Condé (1).

Le comte de Clermont avait reçu les ordres à neuf ans et était pourvu des abbayes de Bec, de Marmoutiers, de Saint-Claude et de Saint-Germain-des-Prés.

Toutes les fois que ce seigneur n'était pas attendu, la Dlle Le Duc s'empressait de prévenir M. de Pontjourdin, écuyer de main chez le roi, qui se rendait secrètement dans la petite maison du faubourg Saint-Honoré lui tenir compagnie.

—— Le financier Beaujon qui s'était constitué le Mécène des jolies actrices de Paris, habitait en 1772, un hôtel rue Dauphine, près de l'église Saint-Roch ; en outre, il possédait une habitation de plaisance dans le faubourg Saint-Honoré qu'on appelait la Folie-Beaujon. Les jardins immenses qui l'entourait avaient pour limites, l'avenue des Champs-Elysées, le faubourg Saint-Honoré, l'avenue Wagram et la rue de Washington actuelles.

Cette demeure était un vrai paradis terrestre fréquenté par une quantité de jolies femmes venant distraire le financier obligé de suivre un traitement sévère pour la goutte, les rhumatismes et autres maladies, dues plutôt au bien être, qui l'obligeaient à des régimes sévères.

Des repas magnifiques attendaient ces dames pendant que lui, au milieu de cet essaim coquet et jaseur savourant les mets les plus délicats, Beaujon mangeait le maigre plat ordonné par le médecin Bouvard. A neuf heures, il quittait la joyeuse compagnie, se retirait dans une chambre voisine, ouverte sur les jardins, au milieu de laquelle un magnifique

(1) B. N. MSS. fr. 10.646. Chansonnier historique, p. 71.

lit en corbeille le recevait, alors on ouvrait les rideaux et toute l'assemblée féminine s'approchait venant le cajoler et lui dire des contes afin de l'endormir sous leurs caresses ; il les nommait ses « berceuses » ; toutes femmes comme il faut parmi lesquelles on peut citer Mme du Lys, femme du lieutenant criminel et la baronne de Cangé, ainsi que d'autres non moins notoires. Cette fantaisie coûtait à Beaujon 200.000 liv. par an.

Lorsqu'il s'endormait, ces dames reprenaient leur partie à la table splendide, prolongeant le souper jusqu'à 4 ou 5 heures du matin, moment où s'éveillait l'amphitryon qui, en ouvrant les yeux, jouissait de ce spectacle amusant.

La Folie-Beaujon fut achetée avant sa mort par Durvey, agent de change, pour le comte d'Artois au prix de 1.100.000 l., ensuite un peintre de marine du nom de Gudin en fut possesseur et plus tard, le Marquis de Bercy en devint acquéreur jusqu'à ce que le baron de Rotschild à son tour acheta cette propriété. En 1865 on fit démolir les constructions, et des voies nouvelles traversèrent les terrains où jadis toute la société galante du XVIIIe siècle accourait aux invitations du richissime financier. L'hôtel portant le numéro 11 de la rue Berryer, est exactement sur l'emplacement où s'élevait jadis la Folie-Beaujon (1).

LE ROULE

La rue du Roule était le prolongement du faubourg Saint-Honoré, s'étendant jusqu'à l'ancienne barrière du Roule, située à peu près à la hauteur de l'avenue Hoche, elle devait comprendre l'avenue des Ternes.

——— « Rue de Monceau n° 1, maison occupée par la « D^lle Roux de Montpelier, maîtresse de Milord Hylde, lequel

---

(1) Dr Fournel. L'hôpital Beaujon 1884 p, 10-15.

Champfort. Correspondance secrète sur le règne de Louis XVI publiée par Lescure 1866 in-8.

Mémoires secrets 1773. Octobre 8, tom. VII p. 74 et 90.

L'Espion anglais 1777 in-8, tom. I p. 257.

« a fait percer une porte qui communique du jardin de cette
« maison avec le sien.

—— « 1 Juillet 1752. N° 8 L. R. Au Roule, maison cy-
« devant occupée par don Luis da Cunha, actuellement par
« Milord Hylde, celui qui entretient présentement Mlle Roux
« de Montpelier, cette maison et la précédente appartiennent
« à une dame de Nogent, femme vivant de son bien retirée à
« Saint-Germain-en-Laye (1). »

Ces maisons avaient autrefois été louées à don Luis da
Cunha, ambassadeur de Portugal et à Mme Salvador qui y
firent faire pour plus de 20.000 liv. de réparations et d'embellissements, tant aux appartements qu'aux jardins.

Leurs successeurs, l'anglais et la D^lle Roux ne firent pas
longtemps bon ménage, car à la fin de l'année 1752, on voit
cette D^lle jouer la femme d'honneur et de qualité chez les
filles du Calvaire, rue de Vaugirard où elle s'était retirée, peu
de temps il est vrai. Bientôt on la retrouve parmi les filles
du monde (2).

—— « Même rue N° 2 L. R. maison appartenant à Buirette,
« maître maçon, rue de Richelieu à vendre présentement
« personne dedans.

—— « N° 4 L. R. Maison située au Roule, cy-devant occupée
« par Mme Salvador, à présent par M. de Voger d'Argenson
« qui y est à demeure (3). »

Monsieur d'Argenson réalisait là son rêve : « Une vie
« parfaite avec sa maîtresse serait celle-ci : d'avoir une
« petite maison dans un faubourg ou dans la ville même, un
« appartement fermé où l'on serve par un trou comme à un
« couvent, d'y entrer tête à tête quelques séances par
« semaine selon l'âge, la force et la santé. Chaque séance de
« six heures, de une heure à sept heures ; les premières trois
« heures au lit, les secondes trois heures à table, et sans
« tiers. Se rhabiller, quitter sa robe de chambre et le reste

(1) Arsenal. Arch. de la B. 10.252. Etats des petites maisons.
(2) Arsenal. Arch. de la Bast. 10.235. Rapp. de Meunier.
(3)   —   —   —   10.252. Etat des petites maisons.

« de la semaine que l'on passe désoccupé à l'amour. Voilà
« comment j'ai vécu dans ma jeunesse (1). »

—— « Août 1754. Petite maison au Roule, près la barrière,
« occupée par le baron Brietaubac et la D^{lle} Amédée, dite
« Bellegrin qui est le nom de son mari, domestique de M. le
« comte de Charollais.

—— « 1er Juillet 1752. N° 11 L. R. Même rue, maison appar-
« tenant à M. Darcy, irlandais, qui l'occupe. Il vient de. se
« marier depuis Pâques dernier.

—— « Sept. 1754. Petite maison au Roule occupée par
« M. le Marquis de Saint-Chamand.

—— « Août 1754. Petite maison au Roule n° 16, occupée
« par M. le marquis de Jonsac, qui y donne des soupers au
« duc de Lauragais et aux D^{lles} Fauconnier et Mainville.

—— 1er Juillet 1752. N° 17 L. R. maison appelée ancien
« château du Roule, proche l'Eglise, occupée par Mme Sal-
« vador.

—— « N° 18, en finissant le canton du Roule, maison
« appartenant à Lemoine, sculpteur, qui l'occupe.

—— « N° 20 L. R. près la plaine, maison appartenant à
« Dautray, marchand de modes, occupée par lui.

—— « Autre maison sans numéro appartenant à Aumont,
« maître maçon, occupée par M, Foubert, chirurgien du
« parlement, rue Thibotodée.

—— « N° 22 L. R. Maison appartenant à Aumont, maître
« maçon, ainsi que la précédente, occupée par une femme
« âgée nommée Chantereine.

—— « Hors la barrière du Roule, sur le chemin qui con-
« duit à Neuilly, à gauche est une petite maison avec un
« jardin tenue à loyer par Mme Levasseur et la D^{lle} Manon,
« chanteuse à l'Opéra (2). »

____

(1) Argenson. Journal et mémoires 1859, in-8. tom. I, p. 20.
(2) Arsenal. Arch. de la Bast. 10.252. Etat des petites maisons.

CHAILLOT

Rue Saint-Pierre, le fameux duc de Lauzun (1) possédait un hôtel très fréquenté par toute la société du duc de Chartres, les petits soupers y étaient nombreux et les débauches avec les filles les plus en vue, se succédaient sans interruption ; malgré cela le duc de Lauzun trouvait le moyen de rendre de fréquentes visites à une grande fille, extrêmement bien faite et de jolie figure, de plus, dit-on, très libertine, la Dlle de Valcourt (2).

Dans cette maison fut fondé l'ordre de la *Persévérance*, entre seigneurs et femmes de qualité. Le projet en fut conçu au Palais-Royal sur l'initiative de Mme de Genlis et de Mme Potoçka : C'était un ordre purement de société et de galanterie qui eut bientôt 90 membres. Dès que l'assemblée se trouva en état de pouvoir créer la société, M. de Lauzun les invita dans sa petite maison où, au milieu du jardin, une tente, vaste, superbe et richement décorée en dedans, était dressée exprès pour recevoir les membres, qui devaient se réunir tous les quinze jours (3).

Plus tard Lauzun se retira à Montparnasse où il se fit construire un hôtel qui devint bientôt le scandale du quartier. « Lauzun déjà fané, dit Chateaubriand dans ses « mémoires d'outre-tombe, soupait dans sa petite maison, « à la barrière du Maine avec des danseuses de l'Opéra, « entre-caressées par MM. de Noailles, de Dillon, de Choi-« seul, de Narbonne et de Tayllerand (4). »

—— « Maison sans numéro appelée l'hôtel du Roule, près « la grille de Chaillot, occupée cy-devant par la Pâris, actuel-« lement la Carlier (5). »

L'hôtel de Roule, que la Pâris rendit célèbre dans un monde

---

(1) Armand Louis de Gontaut, duc de Lauzun, puis en 1788 à la mort de son oncle duc de Biron.
(2) B. N. MSS. fr. 11.357 .p. 13, 17 — 11.360 p. 204.
(3) Mémoires secrets, 17 Mars 1777 — Mme de Genlls, Mém. II. p. 360.
(4) Mém. de Lauzun. Note de P. Lacroix 1858, in-8, p. 107.
(5) Arsenal. Arch. de la Bast. 10.252. Etat des petites maisons.

qui faisait de la galanterie sa principale préoccupation, fut très en vogue parmi les gentilshommes et les financiers.

La Pâris était, paraît-il, « femme d'environ 50 ans, d'une « taille assez haute et point mal faite, mais d'une figure à « faire peur, maigre et allongée, son teint est couperosé, sa « peau est couverte de dartres, et ses yeux louches et de « toutes couleurs, forment le visage le plus complètement « horrible.

« Chez elle c'est un seigneur qui envoie chercher celle-ci ; « c'est le duc un Tel qui veut coucher avec telle autre ; c'est « un vieux financier qui désire admirer à loisir la beauté de « corps d'une célébrité féminine (1). »

Lorsqu'elle eut cette maison, succursale de celle de la Ville, une poésie circula intitulée : « *Requête de la Pâris, Maquerelle « à M. de Marville, lieutenant de police* » dont voici un extrait :

J'espérais en secret et j'avais lieu de le croire ;
Que le retour enfin affirmerait ma gloire ;
Que, rentrés dans ces murs, affamés de plaisirs,
Ils reviendraient chez moi contenter leurs désirs.
J'avais pour rassembler l'agréable et l'utile
Fait meubler deux maisons, l'une aux champs, l'autre à la ville ;
A grand frais rassemblé, ce qu'ont de plus exquis
La France, l'Allemagne et les pays conquis ;
Projet déconcerté ! espérance trompée !
La troupe des putains que j'avois équipée
Malgré tous mes efforts ne peut les rappeler (2).

La Carlier, qui lui succéda, ne le cédait en rien à sa devancière et sa maison eut aussi, le bon renom de discrétion qu'il sied à ces sortes d'établissements.

—— M. Nouveau de Chenevière, conseiller au parlement, ayant débauché de chez ses parents une jeune fille de 20 ans, grande bien faite, alerte et de très jolie figure, nommée de Lormetel, la conduisit rue Feydeau dans la maison de M. Dorbonne, grand maître des eaux et forêts

---

(1) Mouffle d'Angerville. — Le Canevas de la Pâris ou Mémoires pour servir à l'histoire de l'hôtel du Roule 1750, in-8.

(2) B. N. MSS. fr. 12.646. Chansonnier historique.

d'Orléans : lorsqu'elle y fut installée, plusieurs particuliers vinrent la surprendre et l'un d'eux, se disant inspecteur, fit lecture d'une prétendue lettre de M. de Berryer en vertu de laquelle il fit perquisition dans le petit corps de logis qu'elle occupait ; M. de Chenevière s'en plaignit amèrement et le dimanche suivant, la D^{lle} de Lormetel s'enfuit pendant la nuit. M. de Chenevière, qui l'attendait dans un carrosse, la mena de suite à Chaillot, au cabaret où pendait pour enseigne l'Ecu de France. Elle y resta en chambre garnie, sous le nom de Mme Dubois, jusqu'à ce qu'elle prît possession d'une petite maison, que le Conseiller lui avait louée un peu plus haut que l'Ecu de France, vis-à-vis le Tourniquet. Cette maison, appartenait à un pâtissier de Paris, qui venait de la faire construire, en sorte qu'elle n'avait pas encore été occupée. Elle était d'ailleurs singulièrement située, il fallait traverser une vieille masure pour y accéder, et, à moins de savoir qu'il y avait là une maison, on ne l'aurait jamais soupçonné ; un jardin donnant sur les champs en dépendait. C'était bien la retraite qu'il fallait à M. de Chenevière, il la paya 600 liv. par an et la fit meubler. Après avoir installé sa D^{lle}, il venait la voir et y couchait souvent. Pour se soustraire aux recherches, la D^{lle} Lormetel se travestissait en homme, costume qui lui seyait à merveille, elle montait souvent à cheval. Son domestique se composait d'une femme de chambre, d'un laquais et la femme du jardinier se chargeait du département de la cuisine. Malgré toutes ces précautions, le 27 juin 1756 l'inspecteur Meusnier suivi de quelques agents, arrivait, non sans mal, à s'emparer d'elle au moment où elle allait escalader le mur du jardin aidée du jardinier ; elle fut arrêtée par ordre du roi sur la demande de ses parents (1).

——— M. le chevalier de Maupeou fit, à Chaillot, connaissance de Mlle Dumont qui lui plut et avec laquelle il entra en relations, abandonnant pour elle la D^{lle} Goudre, sans scrupules. Du reste, autant sa nouvelle maîtresse, de taille moyenne, fort bien faite, blanche de peau, la jambe fine, de beaux yeux

(1) Arsenal. Arch. de la Bast. 10.239. Rapp. de Meunier p. 685.

bleus un peu grands, de la gorge et un embonpoint agréable,
devait séduire; autant la D^{lle} Goudre, sèche et plate comme
une latte, ne pouvait prétendre à une affection durable ;
pourtant, instruite de l'infidélité de son « Pou-Pou », elle
vint faire une sortie des plus vives à la D^{lle} Dumont; mal-
heureusement le chevalier se tenait en embuscade et au
moment où la Goudre allait en venir aux mains, il sortit fort
à propos pour la mettre à la porte avec quelques coups de
pied au derrière. Alors, tout entier à sa nouvelle maîtresse.
il loua à bail de 3, 6, 9, une petite maison, rue des Batailles,
à Chaillot, au prix de 150 liv. par an, considérant qu'il entre-
rait pour moitié avec le propriétaire dans la construction
d'une porte-cochère, d'une remise et des réparations à faire
pour rendre le logis commode et habitable (1).

—— En 1754, la D^{lle} Delisle, danseuse à l'Opéra, était locataire d'une petite maison à Chaillot, cotée n° 4, où, bien
qu'âgée de 58 ans, elle épousa un s^r Vidanée, ancien garde
du corps, « garçon de plaisir » et « agréable débauché »,
mais poursuivis par les créanciers on saisit chez eux, à Paris
et à Chaillot.

Plus tard, en 1756, cette maison fut louée à M. le marquis
de Conflans a raison de 450 liv. par an, non meublée; celui-ci
y logea la D^{lle} Duval, sa maîtresse. Il en sortait très peu et
quoique de renommée peu favorable, comme fortune, il avait
cependant quatre domestiques. Lorsqu'ils allaient à Paris,
ils louaient un carrosse à la journée et non au mois (2).

—— « 1er juillet 1752 n° 3, C. L. Maison appartenant à
« M. Douet, sous fermier, occupée par luy cy-devant par les
« D^{lles} Sabatier et Constance. »

—— « 1er juillet 1752, n° 7 C. L. Maison appartenant au
« s^r Baritou, officier chez le Roy, qui l'occupe toute l'année,
« car comme il est infirme, il fait faire son service. Cepen-
« dant, a une fille avec lui qui passe pour sa maîtresse. »

(1) Arsenal. Arch. de la Bast., 10239. Rapp. de Meusnier, 16 janv. 1756.
(2) Arsenal. 10239, p. 73-77.

—— « 1er juillet, 1755. Maison no 5 appartenant à M. Bouret,
« fermier géuéral qui l'occupe (1). »

Dans ce pavillon, M. Bouret réunissait les hommes les plus
distingués par leur naissance ou par leur esprit et ; en femmes,
les plus remarquables par leur grâce et leur beauté (2). Les
repas qu'il y donnait pouvaient rivaliser avec les festins de
Lucullus ; il ne regardait à rien pour augmenter la délicatesse de sa table. Des relais établis, lui amenaient tous les
jours du poisson de Dieppe (3). Il vivait dans un faste et un
luxe dont rien n'approche ; au point de nourrir une vache,
pendant la saison des primeurs, avec des petits pois à 150 liv.
le litron, pour satisfaire l'envie d'une femme qui ne buvait
que du lait ; elle put ainsi par ricochet, satisfaire son goût
par le canal de l'animal (4).

—— « Octobre 1752. Petite maison à Chaillot, no 17, occu-
« pée par M. Billard de Vaux, président de la Chambre des
« domaines et par la Dlle Blanchard. »

—— « Septembre 1754. Petite maison à Chaillot, no 19,
« occupée par la Dlle de Vaux, dite la belle allemande et par
« le marquis de Saudricourt. »

—— « 1er juillet 1752. Maison sans numéro, dans le même
« canton, appartenant au comte de Pacta, qui l'occupe avec
« son épouse. »

—— « Septembre 1754. Petite maison à Chaillot, no 21 C. L.
« occupée par la Dlle Lyonois, danseuse à l'Opéra et son ami
« Favier (5). »

Ce Favier, beau garçon, bien fait, toujours habillé magnifiquement, occupait l'emploi de haut-contre dans les chœurs
de l'Opéra, ne gagnant que 600 liv. Il fréquentait la Dlle Lyonois depuis 1749 ; cette actrice, entretenue par M. de Vintimille, le faisait passer ponr son maître de musique.

(1) Arsenal. Arch, de la Bast. Etat des petites maisons.
(2) Janzé. Les financiers d'autrefois, 1886, in-8, p. 184.
(3) Nicolardot. Histoire de la table. 1868, in-12, p. 396.
(4) Imbert. La Chronique scandaleuse, 1791-II, p. 85.
(5) Arsenal. Arch. de la Bast. 10252. Etat des petites maisons.

En 1750, ils vinrent à Passy où Favier comme homme de confiance, lui fit louer la maison aussi bien pour lui que pour elle ; sa femme et ses enfants y étaient continuellement, tout ce monde, inutile de le dire, vivait aux dépens de M. de Vintimille.

Après ce seigneur, Mlle Lyonois eut M. de Salm, puis M. de Sochi, gentilhomme polonais, ne venant chez elle que trois ou quatre fois par semaine et encore, il n'y couchait pas. Elle vint à Chaillot, toujours suivie de son fidèle ami Favier et le 14 août 1755, à l'occasion de sa fête, on tira dans le jardin un feu d'artifice avec le concours de tous les musiciens de l'Opéra, un souper et « grand vin » terminèrent cette brillante soirée dont Favier était l'ordonnateur (1).

—— « Mars 1755. Petite maison à Chaillot, n⁰ 7 C. T. « occupée par la D^lle Astraudy (2). »

La charmante actrice de la Comédie Italienne devait cette maison à la libéralité du comte d'Egmont, colonel du régiment des dragons de ce nom, qui lui donnait 12.000 livres par an, indépendamment de cette demeure qu'il payait 400 liv. par an ; elle était située au bout du village de Chaillot, près la Croix ; appartenant à des mineurs, cet immeuble devait être vendu, lorsque le comte d'Egmont en prit la location en 1750, et en devint propriétaire par la suite pour en faire don à la D^lle Astraudy. Ils y venaient presque tous les jours, partant ensemble après la comédie (3).

PASSY

GRANDE RUE

(Aujourd'hui, rue de Passy).

—— « 1er juillet 1752. Maison sans numéro, située dans la « grande rue de Passy, appartenant à M. le marquis de « Tesse, occupée par lui.

---

(1) Arsenal. 10237. Rapp. de Meusnier.
(2) Arsenal. 10252. Etat.
(3) Arsenal. Archives de la Bastille, 10235, p. 59-60. Voir pour Mlle Astraudi : Rue Basse-du-Rempart.

—— « Même rue, sans numéro, maison appartenant à
« Mme Masson de Paris, occupée par l'ambassadeur de
« Hollande et son épouse. »

—— « Même rue, près la porte du bois, maison sans n⁰,
« appartenant aux héritiers du s^r Mazeret, doyen des archi-
« tectes, occupée par la D^{lle} Granier, maîtresse de M. le
« marquis de Courtanvaux, qui y vient cependant de temps en
« temps avec la D^{lle} Vestris l'aînée, danseuse à l'Opéra (1). »

Mlle Granier, danseuse à l'Opéra, vivait depuis 2 ou 3 ans
avec le marquis de Courtanvaux, lorsqu'il la mit au couvent
de Longchamps où il payait sa pension. Elle revint ensuite à
Paris, rue Neuve-des-Petits-Champs et rechercha la Société
du s^r Lany maître des ballets à l'Opéra, qui la fit rentrer par la
grâce du prévôt des marchands, M. Louis Basile de Bernage,
dans les ballets du théâtre ; une fois en possession de son
emploi, elle abandonna Lany pour le duc de Lauragais (2).
La maison de la Grande rue de Passy, située près la porte
du bois, vis-à-vis Mme de Monastrol, était surtout occupée
par le maître d'hôtel de Mme de Courtanvaux, nommé La
Brière, qui arrangeait les affaires amoureuses de son maître
pendant les absences de Mme la marquise (3).

—— « 1er juillet 1752. Même rue, maison appartenant à
« M. de Sauroy, occupée par lui. »

—— « Autre maison sans numéro, appartenant à M. de
« Breminy, officier de la bouche chez le Roy, qui l'occupe.

—— « Maison de Mme de Monastrol. (4). »

—— Dans la même rue de Passy, sur l'emplacement de la
maison portant le n⁰ 58, Mme de Genlis eut aussi une habitation de plaisance (5).

—— Au n⁰ 16, au coin de la rue Gavarni, dans l'hôtel dit
« La Folie » démoli en 1890, fut logée Mlle de Romans,
maîtresse éphémère de Louis XV.

(1) Arsenal. Arch. de la Bast. 10252, Etat.
(2) Arsenal. 10253. Rapp. de Meusnier.
(3) Arsenal. 10238, p. 177.
(4) Arsenal. 10252. Etat des petites maisons.
(5) Bulletin de la Société Auteuil-Passy, mars 1895, p. 18.

Cette reine de la main gauche avait connu le roi au commencement de l'année 1761, âgée de vingt et un ans, bien faite, très jolie, parée de cheveux magnifiques, elle plût à S. M. qui voulut la loger au Parc aux Cerfs, mais la demoiselle sut arranger son marché d'une autre façon et, dédaignant les filles de basse condition qui peuplaient le fameux Parc, elle obtint une maison que son royal amant lui loua à Passy, après que leur première connaissance eut été faite dans les jardins de Marly. En 1764, on trouve que Mlle *Romance (sic)* se plaisait dans sa maison de Passy, et qu'elle voulait l'acheter, ayant fait demander au Président de Boulainvilliers, seigneur de ce lieu, à combien pouvaient monter les droits qui le regardaient, elle espérait en tirer 2.400 livres (1). Un carrosse à six chevaux venait la chercher à Passy pour la conduire à Versailles, et Louis XV lui-même honorait de ses visites la petite maison de Mlle de Romans. Les conséquences de leur amour ne tardèrent pas à porter leur fruit, la favorite mit au monde un garçon qui, dit-on, reçu le nom de Louis N. de Bourbon, par un ordre du roi, au curé de Passy. Elle allaita son enfant dans cette maison, où Madame de Pompadour, voulant la voir incognito la surprit dans le jardin, donnant le sein au jeune prince ; cette idée n'était pas trop maladroite, aussi craignant l'empire qu'elle pouvait prendre sur le roi, on lui enleva son fils qui fut élevé loin d'elle, dans l'iguorance de sa naissance. Cet enfant dont la ressemblance avec Louis XV était extraordinaire, et que sa mère parvint à retrouver après de longues recherches, s'engagea dans les ordres et prit, dans la suite, le nom d'abbé de Bourbon. L'hôtel de la rue de Passy, devint la possession de Abraham-Jacques Silvestre, conseiller du Roi, notaire au Châtelet, au commencement du XIXe siècle, puis de M. Deyeux, membre de l'Académie des sciences, qui eut pour successeur Jules Janin, l'auteur de l'Ane mort ; après le passage de l'écrivain on en fit un établissement orthopédique, loué à M. Huet, sous la direction du docteur

(1) BN. MSS. fr. 11359, p. 404.

Tavernier; en 1868 il était occupé par Paul Demidoff; continuant ses avatars il redevint maison de santé pour être peu de temps après, transformé en pension de jeunes gens sous le vocable de St Charles ; enfin en 1890, l'hôtel qui avait vu les amours de Louis XV et de Mlle de Romans fut démoli (1).

RUE BASSE
(Actuellement, rue Raynouard).

Le 23 juin 1761, la dame Carlier, conduisit chez M. le prince de Wirtemberg, aux anciennes eaux de Passy, la Dlle Nanette. Ce seigneur avait demandé à la procureuse de lui envoyer une paysanne, n'en ayant pas sous la main, la Carlier fit habiller la Nanette en costume de villageoise et la donna au prince pour la fille d'un jardinier. « Elle coucha avec le prince « qui lui dit de le revenir voir deux jours après sans le « dire, et qu'il la gardait pour lui à son retour de Compiègne, « en lui donnant pour compagnie la femme de son valet de « chambre, mais cette fille n'ayant entendu parler qu'alle- « mand. n'y veut plus retourner. »

Le 2 juillet 1751, la Carlier lui amène Mme Cruchotel « femme d'un jeune perruquier pulmonique », elle coucha à Passy et eut ses 2 louis, mais le prince pensait toujours à celle qu'il avait pris pour une paysanne, la Dlle Nanette, et offrait à la Carlier 20 louis pour lui amener, celle-ci lui ayant dit que c'était la fille d'un jardinier de Vincennes, il la fit chercher dans tous les environs pour éviter de passer par les mains de la procureuse. La Carlier n'avait pas plus confiance, et sur la promesse du prince de lui donner 30 louis si elle lui menait la Nanette, elle lui répondit qu'il ne pouvait avoir la fille sans donner sur le champ la somme demandée (2).

Le prince de Wirtemberg posséda plus tard la Dlle Vestris, de la Comédie française, qui passa ensuite au duc de Duras, fort inquiète de cruels maux d'estomac dont elle se trouvait

(1) Barbier. Journal 1856, in-8, tome IV, p. 417-418. — Bulletin de la Soc. Auteuil-Passy, année 1895, p. 17, 66.
(2) Arsenal. Arch. de la Bast. 10253. Rapp. de la Carlier.

tourmentée, surtout parce que le médecin attribuait cette maladie à « la vérole que M. le prince de Wirtemberg lui a « donnée (1). »

Plus tard cette même demeure devint la propriété du contrôleur-général des finances Bertin, sise à l'ancien n° 3, elle était ornée d'une fort belle terrasse de tilleuls qui protégeait la façade des regards indiscrets, cette terrasse communiquait au jardin par deux escaliers parallèles, les communs et les écuries, étaient situés en face, au n° 2 de la même rue (2).

En 1761, Bertin filait le parfait amour avec la D^{lle} Huss, actrice de la Comédie française, qui ne se gênait pas pour le tromper audacieusement avec plusieurs particuliers, quoique dans un état de grossesse déjà avancé. Le financier, en ayant eu vent et voulant absolument savoir ce qu'il en était, opéra selon la règle en pareil cas. « Il prétexta, étant avec elle dans « sa petite maison à Passy, d'être obligé d'aller en campagne « pour deux jours ; cette D^{lle} qui désiroit une semblable « absence, donne tout entière dans la bosse ; effectivement « M. Bertin après le souper partit pour aller coucher à Paris, « mais non sans avoir donné des ordres à un domestique. « A deux heures du matin il fut instruit qu'elle était couchée « avec le fils du maître des eaux de Passy. Il s'y rendit sur « les cinq heures de la même matinée, avec un de ses amis « et plusieurs domestiques ; ayant frappé à la porte on ne « voulut point lui ouvrir. Il envoya chercher un serrurier et « lui donna ordre de jeter la porte en dedans, cet ouvrier « fit son devoir. Alors il entendit une voix qui lui dit qu'il « passerait son épée au travers le corps du premier qui se « présenterait ; M. Bertin qui reconnait la voix luy répondit « sans s'émouvoir : « Il est tout naturel que je puisse rentrer « chez moi, à l'heure qu'il me plaît, Mlle Husse est assez « jolie femme pour qu'on cherche à coucher avec elle, vous « pouvez vous retirer sans crainte. » La porte s'ouvrit et le

(1) BN. MSS. fr. 11357. Rapp. de Marais, p. 61.
(2) Quillet. Chroniques de Passy, 1836, tome I, p. 172.

Marie Anne Botot Dangeville.

Comédienne Française, a débuté au mois de Janvier 1730 dans le rôle de Lisette de la Comédie en Recitant, agée de 16 ans, à été reçue le 25 Mars 1730.

« jeune homme se retira son épée nue à la main. M. Bertin
« monta à l'appartement de la D^{lle} Husse et lui dit avec
« beaucoup de sang froid : « Mlle, après la preuve que je
« viens d'acquérir, vous sentez bien que votre présence est
« ici de trop ; habillez-vous, faites les paquets de votre garde-
« robe, de vos bijoux et de tout ce qui vous appartient, vous
« trouverez à huit heures une charette pour les emporter et
« un fiacre pour vous ; ma voiture n'étant plus faite pour
« vous conduire. » La D^{lle} Husse a beaucoup larmoyé, mais
« il lui a tourné le dos et a été tranquillement se promener
« dans le jardin, sur les neuf heures cette D^{lle} s'est retirée.
« En traversant le village, elle a été huée de tous les paysans ;
« tout le monde blâme cette D^{lle} et M. Bertin est générale-
« ment applaudi. Il est certain qu'il y a déjà plusieurs années
« qu'il aurait du prendre ce parti, car cette D^{lle} ne le ména-
« geait pas trop ; elle se trouve aujourd'hui enceinte de trois
« mois. M. Bertin, pour se consoler de son infidèle s'est tout
« a fait chargé de Mlle Camille, actrice et danseuse à la
« Comédie Italienne qu'il voyait depuis plusieurs mois. Cette
« D^{lle} est sœur de Caroline et est connue pour avoir vécue
« avec le comte d'Egreville très sagement pendant plusieurs
« années, M. Bertin n'y gagne pas du côté des charmes car
« Mlle Husse est certainement plus jolie et Mlle Camille a la
« défaut de sentir mauvais et d'être un peu sourde, mais on
« la dit très spirituelle et fort amusante (1). »

L'état de Mlle Husse ne laissait pourtant pas indifférent le
financier, qui continua à lui donner 50 louis par mois jusqu'à
ce qu'elle soit accouchée (2). Ses maîtresses se succédèrent ;
après Mlle Camille, c'est la D^{lle} Arnould qui lâcha un moment
M. de Lauraguais pour les avantages considérables que
M. Bertin lui offrait ; après cette princesse lyrique, il continua
de donner à Passy de nombreux soupers en attendant son
mariage avec Mlle de Jumilhac, fille du gouverneur de la
Bastille (2).

(1) BN. MSS. fr. 11358, p. 507.
(2) Larchey. Journal des inspecteurs de M. de Sartines, 1863, p. 39, 49, 87
279.

Après son mariage, sa femme qui l'adorait profita de toutes les occasions pour lui témoigner sa tendresse ; aussi le jour de sa fête, à la St Louis, elle lui fit le plus agréable bouquet qu'on puisse imaginer. La petite maison de Passy, aménagée pour la circonstance, s'augmenta d'un joli théâtre où les s^rs Caillot, Laruette, sa femme et la D^lle Desglands, tous acteurs et actrices des Italiens, représentèrent deux pièces : *Le Baiser pris et rendu* et *la Laitière*, le spectacle était de plus, embelli de deux ballets d'enfants, de la composition du s^r Pitrot, et la femme de ce danseur « qui est de première force y dansa deux Entrées et une Chaconne ». Madame Bertin, qui avait tout dirigé, fut admirable par l'incroyable émulation qu'elle donnait aux artistes, pour assurer le succès de cette surprise que son mari ignorait complètement (1). Toutefois M. Bertin, qui pratiquait la polygamie avait loué une autre petite maison, sise dans la même rue Basse au 19, où avec la dame Laruette et plus tard Mlle Contat, il se dédommagea des fêtes magnifiques données dans son hôtel, devenu plutôt maison de plaisance officielle, car on y recevait l'archevêque d'Arles, celui de Toulouse, les évêques de Montpelier, de Coutances, de Dijon, de Soissons, de Chartres, l'abbé de Turay représentant le clergé ; le prince de Soubise, les ducs de Chartres, de la Trémoille et de Tresmes, en un mot l'assemblage le plus complet de libertins lesquels étant réunis, il fallait cependant conserver quelque pudeur.

—— 1er juillet 1752. Même rue Basse, maison appartenant « à M. le duc de Valentinois qui l'occupe (2). »

Cette maison, qui avait eu pour propriétaire M. le duc d'Aumont, était moins remarquable par sa grandeur que par la manière dont on avait su tirer parti du terrain. Le batiment consistait en deux ailes, terminées chacune par un belvéder, l'une en calotte de plomb, soutenue par des montants de fer, l'autre en maçonnerie portée sur des colonnes d'ordre toscan. Dans l'aile droite se trouvait un salon fort

---

(1) BN. MSS. fr. 11359. Rapp. de Marais, p. 458.
(2) Arsenal. Arch. de la Bast., 10252. Etat des maisons galantes.

élevé et orné de sculptures, de figures et de bustes. A côté,
on voyait un « fleuriste » avec un petit quinconce ; en face
de la cour, on montait par un escalier circulaire dans un
parterre de gazon de quatre pièces découpées, agrémenté d'un
bassin octogone et bordé de deux belles allées de tilleuls
taillés à l'italienne. Au bout, plusieurs petits carrés de gazon
entourés de charmilles et d'arbres en boule. Sur la droite,
l'orangerie dont la serre était magnifique. Différents bâtiments contigus menaient à une galerie remplie de tableaux
et de bustes terminée par un petit « appartemeut à coucher. »
Au sortir de cette galerie on se trouvait sur une superbe
terrasse tournant autour du potager et s'élargissant en deux
endroits pour former des demies lunes (1).

Le frère cadet du duc de Valentinois y succèda à son aîné
et n'en profitait pas en égoïste, ainsi que l'on peut s'en
rendre compte par la note suivante :

« Le bruit commun est que le prince de Monaco n'a plus
la Dlle Caroline de la Comédie Italienne. On tient cependant
de bonne part qu'ils se voient de temps en temps à Passy,
dans la maison du comte de Valentinois, frère cadet du
prince (2). »

—— 1er juillet 1752. Même rue Basse, maison appartenant
« à M. de la Poupelinière qui y fait donner des parties avec
« la baronne Blanche (3). »

La maison que M. de la Popelinière rendit si célèbre à
Passy, avait été construite par M. de Fontaine en 1678, sur
la terre acquise à M. d'Orsigny qui l'avait eu d'un M. Orceau,
la tenant lui-même de la vve Chahu. C'était un beau bâtiment
s'élevant sur le sommet de la colline, on le découvrait de la
route de Versailles, d'où il semblait protéger tout le pays.
Deux gros pavillons que séparait un grand corps de logis se
présentaient d'abord aux regards ; ensuite venait une chapelle
de forme ovale, décorée de pilastres coniques dont le plafond

(1) Dezallier d'Argenville. Voyage pittoresque aux environs de Paris, 1755,
tome II.

(2) Arsenal. Arch. de la Bast., 10235, fᵒ 482.

(3) Arsenal. 10252. Etat des maisons galantes,

formait un dôme éclairé par un lanternon ; le tout entouré d'un parc de 40 arpents y compris le potager. Cette habitation, connue sous le nom de Château de Passy, après la mort de son créateur M. de Fontaine, devint la propriété des fils de Samuel Bernard, puis par succession elle revint au marquis de Boulainvilliers fils du président Bernard de Rieux qui la vendit à vie au fermier général, Le Riche de la Popelinière.

Ce financier, célèbre par son faste, était le fils d'un receveur général des finances, il obtint en 1718 la place de fermier général. Son esprit, ses manières aimables, ses prodigalités lui valurent de nombreux succès auprès des femmes. Il se prit d'une belle passion pour la demoiselle Deshayes petite-fille de Dancourt et en fit sa maîtresse en titre ; mais au bout de quelques années, celle-ci se posant en victime de la séduction parvint, en intriguant, à intéresser le cardinal Fleury et au moment du renouvellement du bail des fermes, Son Eminence signifia à La Popelinière qu'il eut à régulariser sa situation, s'il voulait être maintenu ; quelque peu forcé il accepta et Mlle Deshayes devint Mme de La Popelinière. Sa beauté, son esprit, ses talents attirèrent bientôt dans ses salons tout ce que la Cour et la Ville offraient alors de plus distingué. La Popelinière, lorsqu'il eut acquis la maison de Passy fit des dépenses énormes pour l'embellir. Les jardins d'un goût charmant furent dessinés par Lancret, les plafonds, les panneaux portaient les signatures de Vanloo, de Boucher, Vernet, hôtes assidus du fermier général. La diversité bigarrée se rassemblant à Passy fit donner à l'habitation le nom de *Ménagerie de Passy*. Concert, bals, spectacles, soupers, tout concourait à en faire un séjour enchanteur. Au milieu de ce tourbillon Mme de La Popelinière resta longtemps fidèle à son mari ; mais dans le courant de 1748 ce dernier soupçonna une intrigue qui bientôt lui fut révélée par la fameuse aventure de la cheminée et lorsque sa femme, à son retour, se présenta à la porte de l'hôtel, il lui en fit défendre l'entrée. Elle se retira avec une pension alimentaire de 20.000 liv. dans un quartier obscur de Paris où elle mourut de chagrin en 1752 délaissée de ce peuple d'adorateurs qui l'avaient jadis divinisé, et négligée du duc de Richelieu lui-même, cause pourtant de tous ses malheurs.

Blessé au cœur, le fermier général parut prendre en horreur le monde et ses plaisirs ; il ferma son hôtel au public ; mais peu à peu les portes s'entrouvrirent, les ris, les jeux, les amours s'y introduisirent d'abord à petit bruit ; les girandoles et les lustres se rallumèrent, les festins, les chants, les danses recommencèrent, et bientôt il ne songea plus qu'à vivre en homme libre, prodiguant ses richesses pour satisfaire ses goûts.

Après avoir eu la Clairon à laquelle il offrit le « magni- « fique habit de théâtre qui lui a servi à représenter « Cléôpatre » ; il accueillit la D^{lle} Dallière, de l'Opéra, qui occupait tout un appartement particulier chez lui en 1752 (1).

Une autre fois dans un souper fort gai mais, chose peu ordinaire, très décent, où figuraient les demoiselles Beau- champs, Deschamps et Sauvage ; à la fin du repas il attira la première « l'écarte pour lui offrir un appartement plus « convenable que celui qu'elle occupait rue du Chantre « une « bicoque dans une vilaine rue. » Lorsque la D^{lle} Beauchamp retourna le voir pour lui rappeler ses promesses, il voulut l'entretenir en particulier ; « mais il ne se passa rien entre « eux, l'expérience rend sage quelquefois ! elle exigea « qu'avant qu'elle lui accorde rien, il remplirait les condi- « tions, c'est-à-dire de la mettre dans ses meubles. Cette « défiance et la résistance qu'elle fit indisposèrent fort le « patron qui lui dit avec aigreur qu'il n'était point accoutumé « à être refusé et qu'elle était la première qui se défiat de sa « parole. Elle lui répondit sur le même ton qu'il y avait un « commencement à tout. On se mit cependant à table de fort « mauvaise humeur comme on peut le supposer, aussi n'y « eut-il point de musique ce jour-là et chacun se retira de « bonne heure (2). »

(1) Arsenal. Arch. de la Bast. 10.236. Rapp. de Meusnier p. 5-8.
(2)   —   —   —   10.235.   —   —   p. 146, 147.

Cette fin de souper était contre les habitudes de la maison, ayant la renommée d'être le rendez-vous d'artistes en tous genres se rassemblant à l'*Académie de Passy.*

Tous les jeunes talents qui débutaient dans la carrière des lettres et des arts trouvaient toujours en La Popelinière un chaleureux protecteur. Les virtuoses étrangers, chanteurs, cantatrices, violonistes qui arrivaient à Paris étaient reçus, logés, entretenus dans sa maison de Passy ; des concerts splendides y étaient donnés où chacun s'empressait de contribuer au succès de ces soirées. La célèbre cantatrice Mme Vanloo, femme du peintre, y mettait à la mode le chant italien, Rameau tenait le clavecin ou touchait l'orgue les jours de fête, à la chapelle domestique. Il composait ses opéras dans cette retraite ayant à sa disposition un théâtre spacieux, les meilleurs artistes de l'Opéra, un orchestre excellent et un auditoire composé d'artistes comme Vanloo, Marmontel, Vaucanson, Latour, Boucher, etc. On briguait avec fureur les invitations pour ces spectacles toujours suivis d'uu sompteux souper dans lequel se trouvaient réunis des princes, des ambassadeurs, des hommes de lettres, des artistes et les plus jolies femmes de la capitale.

Dans ces nuits asiatiques, au milieu de tout ce que le luxe peut offrir de plus magnifique et de plus délicat, après que des belles voix avaient charmé l'oreille, lorsque Jeliotte et Mlle Fel avaient chanté les délices de l'amour heureux et que Chassé avait frappé de sa voix éclatante et sonore la dernière cadence d'une chanson bachique, on était agréablement surpris de voir la divine Sallé, la vive Lany, la jeune Pluvigné quitter la table et former mille pas voluptueux sur les airs que l'orchestre exécutait (1).

Pour ses amours La Popelinière entretenait un agent spécial, le sr de Maisonneuve, chargé de lui découvrir des primeurs ou de convaincre les mauvaises volontés.

Cet émissaire amène un jour au fermier général, la Dlle Cayer âgée de 13 ou 14 ans, très en forme il est vrai pour

(1) Biographie générale 1862, tom. **XXX**, p. 868.

son âge et ayant déjà appartenu à M. de Villette, trésorier général à l'extraordinaire des guerres, ayant payé 50 louis « ce pucelage refait » plus 300 liv. par mois ; Maisonneuve vint la chercher un soir sur les neuf heures du soir dans un fiacre exactement fermé, l'amena à Passy et la reconduisit chez elle vers les deux ou trois heures du matin (1).

Après ces fruits verts, La Popelinière aimait à savourer les fruits mûrs, c'est ainsi que la baronne Blanche eut les faveurs du financier, celle-là n'était pas novice et connaissait toutes les fantaisies de ces messieurs. C'était une bohémienne des environs de Prague, ayant servi au cabaret les étudiants de cette ville, lorsqu'un baron de Sibourg, aventurier allemand, s'éprit de ses charmes, il l'emmèna à Rome où ils rencontrèrent le baron Le Blanc qui se lia avec eux et naturellement devint amoureux de la belle bohémienne, amour partagé car elle épousa le baron Le Blanc à la grande fureur de Sibourg qui, après avoir voulu les tuer tous les deux, se calma devant une somme de 500 liv. Le jeune ménage voyagea ; ils parcouraient l'Autriche, lorsque le baron Le Blanc mourut. La veuve vint alors à Paris où, son air fringant de petite maîtresse, sa taille bien faite, sa joliesse, lui valurent les faveurs de l'évêque de Beauvais, puis le prévot des marchands M. de Bernage goûta ses baisers, le duc de Grammont et bien d'autres concoururent à la mettre en vogue ; c'est ainsi qu'elle échut a M. Le Riche de la Popelinière (2).

On voyait aussi à Passy en 1754, la D^{lle} De Rouge, grande musicienne, d'abord entretenu par Berthier de Sauvigny qui d'ailleurs continuait à la voir deux ou trois fois par semaine. Elle se tenait ordinairement à Passy, charmant par son talent les soirées du fermier général et par ses caresses les nuits dn riche financier. Elle ne venait à Paris que pour voir son premier amant chez lequel elle était reçue, passant auprès de la femme de Berthier de Sauvigny pour n'avoir avec lui que des relations de musique ; après une brouille de quelques mois, la D^{lle} De Rouge revint en 1755, aux appoin-

(1) Arsenal. Arch. de la B. 10.235. Rapp. de Meusnier, p. 226.
(2) Arsenal. Arch. de la B. 10.235. Rapp. de Meusnier, p. 226.

tements de M. de La Popelinière, a raison de 100 pistoles par mois ; elle partagea du reste ses faveurs avec M. de Valentinois (1).

Quelquefois cependant l'*Académie de Passy*, revenant à des principes d'autant plus rigides qu'ils étaient rares, recevait des gens beaucoup trop susceptibles, Mme Coupée l'apprit à ses dépens en octobre 1755 ; la charmante actrice de l'Opéra « étant allée il y a quelques jours extrêmement « brillante et ajustée pour dîner chez M. de la Popelinière « elle y trouva, contre l'ordinaire, dit-on, une compagnie « respectable composée de plusieurs femmes de condition « qui à la vérité étaient dans leur négligé. La D^{lle} Coupée, « se croyant autorisée à agir de même, passa dans une « chambre particulière pour quitter son panier ; mais ces « dames s'en étant formalisées, lorsqu'il fut question de se « mettre à table et qu'elle vint pour s'y présenter, on assure « que la conspiration fut si complète que la D^{lle} Coupée « confuse et piquée fut obligée, ayant renvoyé son carrosse, « de revenir à pied dîner à Paris, tenant son domestique « par le bras (2). » Dès lors la rupture fut définitive et M. de La Popelinière se consola dans les bras de la D^{lle} Bourbonnais, puis après dans ceux de la D^{lle} Duval, dite la Constitution, chanteuse de l'Opéra, qui jouait du clavecin aux concerts de Passy.

Outre ces parties galantes M. de La Popelinière avait d'autres passe-temps. Il mariait tous les ans le 25 mars, jour de la fête de Passy, six pauvres filles du voisinage, leur donnant un vêtement et 500 liv. de dot ; ce jour-là, ses jardins étaient ouverts au public et l'on y trouvait des jeux, des divertissements de toute espèce, sans compter un bal à grand orchestre. Le seigneur s'amusait à jeter de l'argent aux paysans, riant beaucoup de les voir se ruer les uns sur les autres.

Après la mort de La Popelinière, qui n'avait cette propriété

(1) Arsenal, Arch. de la B. 10.239. Rapp. de Meusnier, p. 78-88.
(2)   —   —   —   10.235.   —   —   p. 47.

qu'à vie, M. de Boulainvilliers rentra en possession de sa seigneurie de Passy et l'habita avec sa femme. Ces époux faillirent se fâcher grâce à la D^lle Lavigne, dite Durancy, qui « par sa jolie figure paraît être destinée à brouiller les petits « ménages, elle a absolument dégotté la D^lle Dorothée qui « était entretenue par M. le comte de Bintheim. Ce seigneur « est parti cette nuit pour se rendre à Bintheim où il doit « passer cinq mois, mais avant de partir il a donné ordre « à son banquier de compter 25 louis par mois à la D^lle Du-« rancy à laquelle il a laissé la clef de sa loge aux Italiens, « cette D^lle pour se consoler de son absence a dégottée « depuis un mois M. le prévost de Paris à Mme Durand, « femme du lieutenant criminel de robe courte, il lui donne « aussi 25 louis et en paraît extrêmement amoureux ; si elle « passe un seul jour sans lui écrire ce sont des reproches « qui n'en finissent pas ; cette D^lle m'a fait voir plusieurs de « ses lettres elle sont fort tendres ; elle m'a conté aussi qu'un « jour Mme de Boulainviliiers avait manquée de la surprendre « couchée avec son mari à sa belle maison de Passy et que « c'était une espèce de miracle si elle ne s'en était pas « aperçu et que depuis cela elle n'avait plus voulu y « retourner. 8 mai 1767 (1). »

Après M. de Boulainvilliers cette belle propriété fut acquise par M. Cabal, ancien notaire, qui la laissa dépérir et finit par l'aliéner en 1826 à des spéculateurs (2).

—— « 1er Juillet 1752. Même rue, maison appartenant à « M. de Cotte, fils de l'architecte du Roy, qui l'occupe.

—— « Juin 1755. Petite maison à Passy, n° 18, rue Basse, « occupée par M. le Marquis d'Auteville. » Ce mousquetaire gris, entretenait une D^lle David, méchante fille ; elle lui fit contracter tant de dettes et faire d'escroqueries qu'il fut enfermé par ordre du roi, à la sollicitation de sa famille.

—— « 1er juillet 1752, même canton, maison appartenant à « M. de Marville, conseiller d'état.

(1) B. N. MSS. fr, 11.360. Rapp. de Marais p. 251.
(2) Quillet. Chroniques de Passy 1836, in-8, t. I, p. 123.

—— « 1er Juillet 1752. Maison occupée par Milord Hotmy-
« ton (ou Hotting-ton) et la D^{lle} Lany, danseuse à l'Opéra,
« appartenant à Roslin, marchand de fer, quai de la Mégis-
« serie (1). »

La porte de cette maison donnait sur le grand chemin du
côté de la Seine passé les eaux minérales et avait un beau
jardin; ce milord la louait 1.000 liv. par an. La D^{lle} Lany y
vint faire ses couches et l'anglais partit le 19 sept. 1752 en lui
laissant 4.000 liv. de rente viagère (2).

—— « 1er Juillet 1752. Maison que tenait cy-devant l'am-
« bassadeur de Hollande actuellement à M. le duc d'Alber-
« marle qui le fait occuper par la D^{lle} Lolotte Gaucher, sa
« maîtresse (3). » Ce duc d'Albermarle, ambassadeur d'Angleterre entretenait cette fille depuis 7 ans, elle était du reste
très constante en amour, le suivant à l'armée, sortant rarement
ayant pour seul plaisir le goût de monter à cheval dès 5 heures du matin et de se promener ainsi deux ou trois heures.
En 1754, l'ambassadeur, après avoir dîné chez Lolotte Gaucher,
se sentit incommodé sur le soir et voulut retourner à son
hôtel, rue Saint-Dominique, mais il ne put y arriver assez à
temps, il se trouva mal dans le trajet et les saignées qu'on
lui fit furent inutiles. Il mourut le lendemain. Sa maîtresse
fut longtemps inconsolable de cette perte ; enfin, après avoir
fréquenté l'année suivante M. de la Popelinière elle passa le
10 sept. 1756, à M. de la Borde, fils du fermier général (4).

La maison de l'ambassadeur fut louée à M. Coquelin,
anglais, 2.000 liv. par an toute meublée, il y fit un bail
de trois années et y logea la D^{lle} Vestris, sa maîtresse, le
2 juillet 1755 ; six mois après, il fut obligé de retourner en
Angleterre, alors la D^{lle} Vestris se consola de cette absence
avec M. de Curis qui venait la voir tous les jours, laissant
son équipage et ses chevaux, dans une petite maison de
Passy, cotée 14, à la garde de son cocher. (5).

---

(1) Arsenal. Arch. de la B. 10.252. Etat.
(2)   —   10.235. Rapp. de Meunier.
(3)   —   10.252. Etat.
(4)   —   10.238. Rapp. de Meunier p. 455-478.
(5)   —   10.237.

—— « 1er Juillet 1752. Même canton, maison à loyer
« occupée par M. Montaigne et la Dlle Jacob de Mirancourt,
« sa maîtresse (1). »

VAUGIRARD

Près de l'église de Vaugirard, existait une petite maison
consistant en un corps de deux étages et deux pavillons ;
entourée d'un jardin assez spacieux, orné d'un joli parterre
et agrémenté d'un bois de haute futaie, le tout clos de murs.
Le sieur Justiany, maître d'hôtel de M. le marquis de Saint-
Georges, prince d'Ardore, ambassadeur du roi de Sicile, la
tenait à loyer moyennant 300 liv. par an toute meublée,
depuis 1750, avec un bail de trois années.

Il mit dans cette maison la Dlle Petit, qui au mois d'août
s'enfuit à Londres avec le sr Deville. Après un séjour de six
mois dans cette ville, elle revint chez le sr Justiany et continua d'habiter la petite maison de Vaugirard, pardonnée de
sa fugue. Dans le courant de 1751, le locataire cherche à se
débarrasser de son habitation, ne voulant la garder, que
jusqu'à ce que la Dlle Petit y ait fait ses couches (2).

FAUBOURG St-GERMAIN
RUE PLUMET
(Actuellement rue Oudiuot).

—— « 1er Juillet 1752. Petite maison rue Plumet, occupée
« par M. Amelot de Chaillou, avocat du roi et la Dlle Saint-
« Hilaire.

—— « Novembre 1752. Petite maison, rue Plumet, appar-
« tenant à Duperron, louée par Savary, lieutenant aux
« gardes, compagnie d'Argenlieu et par Mme de Longuy,
« femme du maître des requêtes (3). »

(1) Arsenal. 10.252. Etat des petites maisons.
(2)   —   Arch. de la B. 10.340 p. 158.
(3)   —   10.252. Etat des petites maisons.
Cherchant surtout les sources inédites, je n'ai pas jugé à propos de
décrire ici la maison du baron de la Haye, rue Plumet, dont la description
occupe une colonne entière du Larousse, au mot FOLIE et que M. L. de
Quellern a donné également dans la « Contemporaine » du 10 déc. 1901.

RUE DE VAUGIRARD

Près de la barrière de la rue de Vaugirard, en dehors, à droite en sortant, petite maison appartenant à M. Hoquart, trésorier général de l'artillerie et louée le 9 mars 1751, à M. Morosini au prix de 600 liv. par an pour y loger sa maitresse Mlle Leclerc, il venait la voir tous les jours, sûr de la trouver seule, car non seulement elle ne sortait pas plus que si elle se trouvait cloîtrée, mais ne recevait même aucun des amis de son amant ; un domestique qu'il avait mis auprès d'elle, lui rendait compte de tout ce qui se passait dans la maison.

La bonne harmonie de ce faux ménage fut rompue au bout de trois mois à cause d'une opération que M. Morosini dut subir.

Voici les faits :

M. Morosini, toujours très attaché à la D^{lle} Leclerc, devait se faire opérer de la fistule, à cet effet il s'adressa à M. Morand, chirurgien, et fit venir chez lui un jésuite pour l'assister en cas d'accident.

« Le père n'exigea du malade que de la résignation et de
« la confiance à un régime, voilà ce qui regarde le temporel ;
« mais quand il vint à régler les affaires spirituelles, il y eut
« lieu de déchanter ; le confesseur coupa en plein drap,
« disant qu'il ne pouvait ni lui ni d'autres, l'absoudre qu'au
« préalable il n'eut totalement renoncé au commerce criminel
« qu'il avait avec sa maîtresse. Telle répugnance que sentit
« M. Morosini à en venir à cette extrémité, il fallut accéder
« aux remontrances du révérend, le mal pressait, le péril
« était imminent, l'évènement incertain et, pour mettre sa
« conscience au repos, il donna en sa présence les ordres
« nécessaires pour qu'on retire de chez la D^{lle} Leclerc,
« meubles, linge, argenterie et généralement tout ce qu'il
« lui avait donné, à l'exception de ses robes, et de la
« remettre sur le pavé comme son confesseur l'exigeait
« parce que le bail de la maison était au nom de M. Morosini.
« Après cette satisfaction à Dieu, il fut absous et Morand fit

« son opération avec autant d'efficacité, à ce que l'on assure,
« que le jésuite avait fait la sienne. Voilà donc la D^{lle} Leclerc
« entre les quatre murailles, obligée de recourir aux meubles
« de sa gouvernante et à vivre de ses ressources. »

Heureusement, un enseigne aux gardes, le s^r Férouse s'en
éprit quelques jours, ce qui lui permit de faire la connaissance de M. de Saint-Germain, ambassadeur ordinaire du roi
de Sardaigne, qui reprit le bail de la maison et cette fois la
D^{lle} Leclerc, pour ne plus que pareille aventure lui arriva le
fit faire à son nom ; le tapissier fit également le nécessaire et
la D^{lle} reprit sa vie tranquille, recevant M. de Saint-Germain
deux ou trois fois par semaine. Comme son amant prohibait
tout souper en ville, elle s'en consolait en recevant avec
mystère le sieur Teissier, reçu en survivance à la charge du
trésorier général des écuries et livrées de S. M. Il profitait
de la proximité de la petite maison qu'il occupait dans la
même rue, pour rendre de nombreuses visites à la D^{lle} Leclerc
en l'absence de M. de Saint-Germain.

Elle quitta cette retraite en juillet 1752, pour s'installer à
Meudon à la Maison royale avec M. de Saint-Germain (1).

—— Une maison, rue de Vaugirard, au coin de celle du
Regard, vis-à-vis de l'habitation occupée par M. de Castelmar,
dépendant des Incurables et ayant un grand jardin comptant
26 à 30 arpents qui allaient de la rue du Regard à la rue de
Bagneux, était occupée toute entière par Mme d'Hautefoy, se
disant chanoinesse de Cologne et qui fut aussi dame
d'honneur à la cour de Lorraine. Agée de trente-cinq ans
environ, elle n'était rien moins que jolie, assez bien faite,
fort brune, mettant du rouge depuis le dessous du menton
jusque dans les yeux, remplie de mouches, le tout rehaussé
de blanc et de bleu « enfin c'est une tête enluminée qui
« ressemble proprement à une furie ou à une folle. Elle est
« toujours coiffée en cheveux et en pompons. »

Outre M. de Selles, capitaine de cavalerie au régiment
d'Harcourt, qui l'entretenait, elle fréquentait aussi M. le duc

(1) Arsenal. Arch. de la B. 10.239. Rapport de Meunier p. 426-435.

d'Elbeuf, sans compter les visites amoureuses faites par le marquis de Castelmar, son voisin. Elle séjourna dans cette petite maison, du 28 juin 1750 jusqu'en septembre 1754, elle était alors en intrigue avec M. de Caze, fermier général, lorsqu'elle hérita de sa mère et par la suite quitta la rue de Vaugirard (1).

RUE DE SÈVRES

M. Mercier en 1753, fit meubler fort proprement une petite bonbonnière près de la Croix-Rouge, pour y mettre la D^{lle} Hôte, sa maîtresse, qu'il appointait à raison de 400 livres de rente viagère, en plus des 4.000 liv. d'argent comptant données comme entrée en matière ; pour cette somme il venait passer quelques heures dans la journée avec elle, restant très rarement pour souper, ce dont la D^{lle} profitait pour s'ébattre avec un sous-lieutenant de la compagnie de Villars, le sieur Moreau, fils d'un procureur du roi ; ce jeune homme venait presque toutes les nuits coucher avec elle (2).

—— Une belle propriété, bâtie rue de Sèvres, à l'angle de la rue de Grenelle, servait de petite maison au comte de Praslin. Elle fut aussi habitée par la D^{lle} Dangeville de la Comédie Française, maîtresse de M. le duc d'Aumont qui, en sa qualité de premier gentilhomme de la Chambre, prenait soin de la Comédie, et surtout des comédiennes. Ce seigneur assez bon, mais d'esprit borné, se trouva puni de la luxure, par une attaque d'apoplexie qui le prit chez la D^{lle} Dangeville; la comédienne le renvoya aussitôt dans un fiacre avec un chirurgien.

Leur habitation, plus tard, devint la propriété de M. le comte de Mirabeau ; puis après la Révolution on établit dans ses communs une fabrique de bleu (3).

—— Un peu plus haut que la propriété de M. de Praslin, au lieu dit « les deux Girouettes », M. de St Prix possédait « une campagne » avec des jardins magnifiques, remplis de

(1) Arsenal. Arch. de la Bast., 10248. Rapports de Meunier.
(2) Arsenal. Arch. de la Bast. 10240, p. 38.
(3) Gaudereau. Hist. de Vaugirard, 1842-8 p. 186. Mathieu Marais. Journal de Paris, Revue Rétrospective 1837, p. 265.

bosquets dans lesquels s'érigeaient des statues de grande valeur. Ce seigneur tenait là une espèce de cour protégée par le prince de Condé (1).

RUE DES BRODEURS
(Actuellement rue Vanneau, entre les rues de Babylone et de Sèvres).

« Décembre 1752. Petite maison, rue des Brodeurs, bar-
« rière de Sèvres, occupée par le marquis de Stainville, qui
« y fait des soupers avec la princesse de Robec, fille du duc
« de Luxembourg (2). »

La princesse de Robecq, eut l'honneur en 1748 de plaire au roi qui demanda à la reine que cette dame fut dame du palais à la première occasion ; la reine rêva et répondit que cela serait ; on remarqua que le roi rougissait comme un enfant, ce qui fit souvenir qu'au dernier voyage de la Muette, le souverain et la dame de Robecq étaient disparus un quart d'heure (3).

L'abbé Morellet pour avoir mal parlé d'elle dans *Les Visions de Palissot* avait été mis à la Bastille, il en sortit deux mois après lorsque cette dame mourut à l'âge de trente-deux ans.

RUE DU CHERCHE MIDI

« M. le marquis de Bandole demeurant à la barrière de
« Sèvres, depuis près d'une année entretient la dame vᵉ de
« Meslé ; cette dame, sans être jolie peut passer pour être
« aimable ; elle est fort bien, très blanche de peau, très belle
« de gorge, la main belle et la jambe parfaite ; en outre,
« remplie de talent et de très grande condition d'Allemagne ;
« avant d'être mariée, elle étoit chanoinesse du chapitre de
« Neuss, mais tous ces avantages jusqu'à présent ne l'ont pas
« rendue fort heureuse, car son mari le sʳ de Meslé était
« généralement connu pour un mauvais sujet. Possédant
« tous les vices de l'humanité, il lui a fait passer sa vie dans

(1) Gaudreau. Hist. de Vaugirard, 1842-8, p. 187.
(2) Arsenal, Arch. de la Bast. 10252. Etat des maisons galantes.
(3) Journal et mémoires du marquis d'Argenson, 1863-8, tome V, p. 254.

« les prisons et après avoir dissipé les biens assez considé-
« rables que son père qui avait la *Gazette* lui avait laissé, il
« est enfin décédé dans les prisons du fort l'Évêque, il y a
« environ un an, où il était détenu depuis longtemps pour
« dettes, par ordonnance du tribunal des maréchaux de
« France. Sa veuve, alors s'est trouvée dénuée de tout et
« forcée à ce que je crois à renoncer à tous ses droits ayant
« eu pour lui trop de faiblesse, en l'engageant dans les mau-
« vaises affaires qu'il avait contracté, ce qui l'a réduite à
« accepter les offres de M. de Bandole, dont la cervelle n'est
« guère mieux organisée que celle de feu M. de Meslé. A la
« vérité il est plus riche, mais il l'oblige de vivre comme une
« recluse, dans une petite maison qu'il lui a fait louer rue
« du Cherche-Midi où elle ne voit jamais que sa triste figure,
« observant beaucoup d'économie et peut-être, contrainte
« de se prêter à son goût anti-physique, car tout le monde
« sait qu'il est fort entiché de ce vilain pêché (1). (3 août 1764),

—— Dans la rue du Cherche-Midi, près la barrière, habitait
la D[lle] Auguste l'aînée, entretenue par M. de Lowendal
qui l'avait connu à Bruxelles où elle était danseuse. Séduit
par ses vingt-six ans, sa chevelure brune, sa taille bien prise,
M. le Maréchal sans s'attacher à sa légère surdité l'amena à
Paris en avril 1749, il lui fit meubler toute la maison de
la rue du Cherche-Midi, construction neuve à porte cochère ;
il lui donna aussi un équipage et cinq ou six domestiques.

Elle accoucha dans cette maison et repartit à Londres en
qualité de danseuse, le 25 octobre 1752 (2).

—— « Les D[lles] Carel et d'Hamilton anglaises et de bonne
« maison, âgées de 25 ou 26 ans, demeurant ensemble rue du
« Cherche-Midy et sont d'une amitié inséparable. On prétend
« que Mlle Carel est une seconde Labatte et que Mlle Hamilton
« qui couche toutes les nuits avec elle y prend tant de délec-
« tation qu'elle a, pour ne point la quitter refusé plusieurs
« parties qui se sont présentées. »

(1) BN. MSS. fr. 11359. Rapp. de Marais, p. 436.
(2) Arsenal. Arch. de la Bast. 10235. Rapp. de Meunier.

Vue d'une Petite Maison Rue d'Enfer.

« M. Prud'homme fréquente dans cette maison et M. de
« Gouy d'Avricourt, évêque de Perpignan y est cependant
« admis et fait leur partie, on entend celle du jeu seule-
« ment (1). »

RUE DE BAGNEUX

« Depuis environ quinze jours, la petite maison de la rue
« de Bagnenx à côté de la Pâris, recommence d'être habitée.

« Sur les sept heures du soir, un carrosse arrête à la porte,
« sans lumière ; une grande dame leste, saute sous la porte
« suivie d'un monsieur qui l'accompagne, un des deux
« laquais entre avec.

« Ils y viennent ainsi trois ou quatre fois par semaine. Le
« 11 janvier 1750, un homme posté a suivi le carrosse qui a
« pris la rue St-Maur, la rue de Sèvres et arrête au coin des
« Petites-Maisons, où était une chaise à porteurs qui atten-
« dait. La dame descendit du carrosse et se mit dans la
« chaise.

« C'est Madame de Pierrecourt, agée de 27 à 28 ans, brune,
« jolie, qui a deux enfants ; son mari n'a d'autre qualité que
« de vivre fort bien, il est âgé de 40 à 45 ans.

« Quand au monsieur, venant avec cette dame, c'est le
« marquis de Gouy, colonel du régiment de la Reine, homme
« de fort bonne mine (2). »

RUE DES VIEILLES TUILERIES
**(Actuellement partie de la rue du Cherche-Midi entre les rues du Regard
et de Bagneux).**

La D^{lle} Verrière cadette, avait dans cette rue une petite
maison pour y recevoir M. le marquis de Jonsac, surnommé
le beau Français, qui la greluchonnait. On le voyait fort
souvent chez elle et ils faisaient maintes parties en compagnie
de sa sœur ainée et de M. de Curis, rue St-Sébastien au Pont-
aux-Choux dans la petite maison du comte de Bissy (3).

(1) Arsenal. Arch. de la Bast. 10239, p. 399.
(2) Arsenal. Arch. de la Bast., 10244. Rapp. de Meusnier.
(3) Arsenal. Arch. de la Bast., 10241, p. 128.

RUE D'ENFER
(Actuellement rue Lebrnn).

Près la petite porte du Luxembourg, une petite maison à
porte cochère était occupée, en 1751, par la Dlle St-Germain
succédant aux D{lles} Fauconnier. M. de Sermezel fils, lui avait
fait richement meubler cette demeure qu'il payait 650 liv.
par an. Les frais de tapissier et des meubles s'élevèrent à
8.000 liv. qu'il ne put payer, aussi le mit-on aussitôt au
Petit-Châtelet. Pendant son incarcération, la Dlle ne resta pas
inactive et s'attacha un substitut du procureur général
M. Peilhon, qui offrit de payer 10.000 liv. pour tirer M. de
Sermezel de prison. Cet homme très commode, ne venait que
le soir, car étant marié et déjà agé, il préférait le jour à la
nuit, ce qui enchantait la Dlle. Il l'avait montée sur un ton
étonnant, elle avait équipage, ses diamants faisaient retourner ses chères camarades ; sur sa table brillait la vaisselle
d'argent et quatre domestiques étaient entretenus pour son
service. Les salles de sa petite maison, tapissées d'Aubusson,
ornées de chaises et de fauteuils au petit point, resplendissaient
d'un luxe qui montrait l'attachement du substitut pour la Dlle.
Quand elle déménagea de la rue d'Enfer, le 7 janvier 1753,
elle vint habiter la butte St-Roch (1).

— « 20 mars 1754. La Dlle Burck, rue d'Enfer, surnommée
« par excellence la belle anglaise, demeure depuis environ
« trois semaines à l'entrée de la rue d'Enfer, pris la place
« St-Michel dans un petit corps de logis nouvellement cons-
« truit, composé d'un rez-de-chaussée, d'un premier étage et
« d'une mansarde, appartenant au nommé Fontaine, marchand
« de vins, au coin de la rue St-Hyacinthe et d'Enfer, en face
« de la place St-Michel, vis-à-vis le corps de garde du guet,
« par acte passé ie 18 décembre 1753, devant Plastrier et
« Mathis notaires, le sieur Jean Fontaine à loué à M. Fran-
« çois Burck, écuyer gentilhomme anglais, pour trois années
« moyennaut 1.000 francs de loyer par an, sous condition de
« garnir les lieux de meubles suffisants pour sûreté du loyer,

(1) Arsenal. Arch. de la Bast., 10241. Rapp. de Meunier, p. 77.

« d'être tenu des réparations locatives et de payer 500 francs
« d'avance. »

« Ce gentleman anglais est le s^r Colonge et sa divinité une
« D^{lle} Brown qui roulait depuis trois ans. Leur appartement
« n'est point encore habitable par la lenteur des menuisiers,
« peintres, serruriers et autres ; en sorte qu'ils occupent
« deux petites pièces sur le derrière, lesquelles ne sont point
« comprises dans leur bail, jusqu'à ce que les lieux soient
« en état (1). »

FAUBOURG SAINT-JACQUES

RUE DU BATTOIR
(Actuellement rue Gît-le-Cœur).

« Avril 1749. Petite maison louée par le maréchal de Saxe. »

RUE DES FOSSÉS SAINT-MARCEL
(Actuellement rue de l'Estrapade).

« Février 1754. Petite maison rue des Fossés-St-Marcel,
« près les Gobelins, occupée par la D^{lle} Gauthier cadette,
« maîtresse de Dumas, fermier des postes (2). »

—— La D^{lle} Lafarge épousa à 18 ans environ, le s^r
Lafarge, chirurgien, tout en restant en relation avec l'abbé
Caban qui ne pratiquait pas le vœu de chasteté. Lafarge s'en
étant aperçu, se facha et partit en Flandre, abandonnant la
femme et l'amant. La Lafarge après être accouchée des faits
de l'abbé, qui ne se trouvait pas en état de fournir les appointements suffisants pour le ménage, réussit à faire connaissance du Président d'Aligre, lequel la prit à son compte
quelque temps ; jusqu'à ce que l'abbé Caban, vivant d'aventures, la reprit. Ils vécurent alors rue des Fossés-St-Marcel,
près les Gobelins où ils louèrent une petite maison appartenant au s^r Nicole Gave, garde robe de M. le Dauphin, en face
d'un jardin, maison grande et belle avec un jardin spacieux,

(1) Arsenal. Arch. de la Bast., 10239, p. 532.
(2) Arsenal. Arch. de la Bast., 10252. Etat.

basse-cour, volière, écurie, remise, le tout au prix de 150 liv. par an. Toutefois, malgré la modicité de la somme, ils quittèrent cette propriété le 16 janvier 1756, furtivement sans s'inquieter qui paierait le loyer échu, car en gens de précautions, ils avaient provisoirement fait disparaitre les meubles, afin d'éviter au propriétaire les frais de vente. Ils continuèrent à vivre d'intrigues, l'abbé Caban avait quitté le petit collet ; mais, un beau jour, la D^lle Lafarge fut arrêtée, le 23 mars 1756, par Dupuis, inspecteur de police et conduite au fort l'Evêque en vertu d'un ordre du roi (1).

RUE DE LA VIELLE ESTRAPADE
(Actuellement rue de l'Estrapade).

La D^lle Belleville vint le 1er avril 1754, occuper une maison rue de la Vieille Estrapade, en deça de la rue de la Montagne Ste-Geneviève ; en même temps, le comte d'Auteuil quittait sa demeure rue d'Enfer, près la petite porte du Luxembourg pour venir se mettre avec elle. Le bruit courut qu'il ferait la folie de l'épouser, lorsqu'après une année, il partit pour Pondichéry emmenant la D^lle Belleville. Le comte d'Auteuil était veuf de Mlle Dupleix de qui il avait encore trois enfants (2).

RUE GRACIEUSE

Prés la rue Copeau (actuellement rue Lacépède) dans une petite maison composée d'un rez-de-chaussée, d'un premier et d'une mansarde, avec un petit jardin, appartenant au nommé Le Tellier, employé au grenier à sel de Paris, vivait la D^lle Dherbigny payant pour ce séjour 150 liv. de loyer.

Son vrai nom était Marie-Thérèse Frederick Hooste, elle avait été chez toutes les entremetteuses de la place de Paris, chez la Pâris sous le nom d'Agathe, chez la Namur et enfin chez la Payen, lorsque le sieur Toupet, agent d'aflaires du s^r Allain en fit l'éloge à son commettant qui la retira de cette communauté pour l'établir rue Gracieuse où il lui fit adopter le

(1) Arsenal. Arch. de la Bast. 10239. Rapp. de Meusnier, p. 56.
(2) Arsenal. Arch. de la Bast. 10239. Rapp. de Meusnier, p. 371-3.

nom de Dherbigny. Très jaloux et bien qu'il ait mis à ses côtés une vieille duègne pour surveiller toutes ses actions, il lui prenait souvent la fantaisie de les enfermer toutes les deux à clef, jusqu'à ce qu'il vint les délivrer. Il ne se rachetait pas par la générosité, ne donnant pour tout potage que quatre louis par mois. Ce sieur Allain était le fils d'un bijoutier demeurant vis-à-vis le Pont-Neuf (1).

RUE DES BOURGUIGNONS
(Aujourd'hui supppimée ; allait de la rue de Lourcine à la rue de la Santé).

« Juin 1749 ; petite maison rue des Bourguignons, faubourg « St-Marceau, occpée par l'abbé Gérondin el la Dlle Henriette « de la Noue (2). »

* *

Ici, s'arrête notre promenade dans les faubourgs parisiens, nous rencontrons de nouveau la Seine dont l'autre rive fut notre point de départ pour cette excursion. Grâce à ces notes, souvent trop brèves, hélas ! nous avons pu pénétrer, je ne dirai pas dans *toutes* les petites maisons du XVIIIe siècle, mais tout au moins dans la plus grande partie. Comme cet ensemble avait jusqu'alors été négligé, j'espère que cette exhumation de dossiers oubliés, pourra fournir un document intéressant pour l'Histoire de Paris.

(1) Arsenal. Arch. de la Bast., p. 527.
(2) Arsenal. Arch. de la Bast., 10252. Etat des Petites maisons.

Paris, le 25 septembre 1901.

FIN

INDEX ALPHABÉTIQUE

❦

Achevé d'imprimer

Le sept janvier mil neuf cent deux

PAR

Frédéric Empaytaz

A VENDOME

❦